KATHOPANISHAD

WITH THE

SANSKRIT TEXT, ANVAYYA, VRITTI,
WORD MEANING, TRANSLATION,
NOTES AND INDEX

KATHOPANISHAD

WITH THE

SANSKRIT TEXT, ANVAYYA, VRITTI,
WORD MEANING, TRANSLATION,
NOTES AND INDEX

BY

SRIS CHANDRA VASU

GYAN

Published by

GYAN

Gyan Publishing House
5, Ansari Road
Daryaganj, New Delhi-110002
Phone: 011-47034999, 9811692060
E-mail: books@gyanbooks.com

Distribution Network
gyanbooks.com
India, USA, Canada, UK, Australia

ISBN: 978-93-6433-641-3 (HB)
First Published, 1905

2nd Impression 2024

Printed at: Gyan Press, Delhi.

KATHOPANISHAD: WITH THE SANSKRIT TEXT, ANVAYYA, VRITTI, WORD MEANING, TRANSLATION, NOTES AND INDEX

AUTHOR: SRIS CHANDRA VASU

Vedanta Series No. 3.

KATHOPANISHAD

WITH THE

SANSKRIT TEXT, ANVAYA, VRITTI, WORD MEANING,

TRANSLATION, NOTES AND INDEX

BY

SRIS CHANDRA VASU,

Published by the Panini Office

Bhuvaneshvari Asram,

Bahadurganj.

Allahabad:

PRINTED AT THE ALLAHABAD PRESS, ALLAHABAD.

1905.

TO

Mrs. ANNIE BESANT

WITH THE

MOST AFFECTIONATE REGARDS

OF

THE TRANSLATOR.

अथ यजुर्वेदीयकठोपनिषद्प्रारम्भः

ॐ सह नाववतु । सह नौ भुनक्तु । सह वीर्यं करवावहै ।

तेजस्विनावधीतमस्तु मा विद्विषावहै ॥

ॐ शांतिः शांतिः शांतिः ॥

हरिः ॐ

MANTRA 1.

॥ ॐ ॥ उशन् ह वै वाजश्रवसः सर्ववेदसन्ददौ ।

तस्य ह नचिकेता नाम पुत्र आस ॥ १ ॥

अन्वयः—उशन् (कामयमानः फलं) हवै वाजश्रवसः (ऋषिः) सर्ववेदस (सर्वस्वं) ददौ (दत्तवान्) तस्य नचिकेता नाम पुत्र आस (बभूव)

वृत्तिः—(उशन्हवैवाजश्रवस इति) "उशन्" कामयमानः । वश कान्तावित्यस्माच्छतरि । ग्रहिज्येत्यादिना संप्रसारणम् । "ह" "वै" इतिवृत्तार्थस्मरणार्थौ निपातौ । फलमितिशेषः ।

"वाजश्रवसः" । वाजेन अन्नेनदानादिकर्मभूतेन, श्रवः कीर्तिर्यस्य स वाजश्रवाः । तस्यापत्यं वाजश्रवसः रूढिर्वा-वाजश्रवस इति । स किल ऋषिर्विश्वजितासर्वस्वदक्षिणेन यजमानः तस्मिन् क्रतौ "सर्ववेदसं" सर्वस्वं दत्तवानित्यर्थः । उशनित्यनेन कर्मणः काम्यत्वाद्दक्षिणासाद्गुण्यमावश्यकमितिसूच्यते। "आस" बभूव। छन्दस्युभयथेतिलिटः सार्वधातुकत्वात् । स्वस्तयेताक्ष्यमित्यादिवदस्तेर्भूभावाभावः ।

उशन् us'an (इच्छन् कामयमानः, वशधातोः शतृप्रत्यये=उशन् इतिरूपं) wishing, desiring (the fruit of Vís'vajit sacrifice)

ह ha (ह वै वृत्तार्थ- स्मरणार्थौ निपातौ) once.

वै vai, now.

वाजश्रवसः vâjas'ravasa*h* (वाजं=अन्नं, श्रवस=यशः, तस्य अपत्यं) Vâjas'ravasa, Uddâlaka.

सर्ववेदसं sarva-vedasam (सर्वस्वं धनं) all-wealth, all-knowledge, all the Veda instruction.

ददौ dadau (दत्तवान्) gave,

तस्य tasya (यजमानस्य) his.

ह ha (mere expletive)

नचिकेता nachiketâ, Nachiketâ.

नाम nâma, called.

पुत्रः pûtra*h*, son.

आस âsa (बभूव) was.

Desiring once (the heaven-worlds), Vajasravasa gave away all his wealth. His was a son called Nachiketas.

MANTRA 2.

तꣳह कुमारꣳ सन्तं दक्षिणासु नीयमानासु
श्रद्धाऽऽविवेश सोऽमन्यत ॥ २ ॥

अन्वयः—तं (नचिकेतसं) कुमारं सन्तं (बालमेव सन्तं), ऋत्विग्भ्यो दक्षिणासु गोषु नीयमानासु सतीषु श्रद्धा आविवेश (आविष्टवती) ॥ सः अमन्यत ॥

वृत्तिः—(तं ह कुमारं सन्तमिति) "तम्" नचिकेतसं "कुमारं सन्तम्" बालमेव सन्तं ऋत्विग्भ्यो "दक्षिणासु" "गोषु" "नीयमानासु" सतीषु "श्रद्धा" आस्तिक्यबुद्धिः पितुर्हितकामप्रयुक्ता "आविवेश" आविष्टवती। यद्यपि यदानतिकरं द्रव्यम् तद्दक्षिणेत्युच्यते। एकाचासौ क्रतावानतिरिति तदुपाधिको दक्षिणाशब्द एकवचनान्ततामेव लभते। अतएवभूनामकैकाहक्रतौ। तस्य येनदक्षिणेत्यत्रकृत्स्नस्य गवाश्वादेः प्रकृतस्य दाक्षिण्यस्य निवृत्तिरिति। तस्य धेनुरिति गवामिति दाशमिकाधिकरणे स्थितम्। तथापि दक्षिणाशब्दोऽयंभूतिवचनः। स च कर्मापेक्षयापि प्रवर्तते। अस्मिन् कर्मणीयं भूतिरिति। कर्तुरपेक्षयापि प्रवर्तते। अस्मिन्कर्मण्यस्यपुरुषस्येयं भूतिरिति। ततश्च ऋत्विग्बहुत्वापेक्षया दक्षिणाबहुत्वसम्भवाद् दक्षिणास्विति बहुवचनमुपपद्यते। अतएव ऋतवे यजौदुम्बरः सोमचमसोदक्षिणा स प्रियाय सगोत्राय ब्रह्मणेदेय इत्यत्र वाक्यलापत्ते ब्रह्मभागमात्रेऽपि दक्षिणाशब्दस्यावयवलक्षणा-

मन्तरेण मुख्यत्वोपपत्तेस्तन्मात्रबाध इत्युक्तंदशमे । यदि ब्रह्मणस्तद्दानं तद्विकारः स्यादित्यधिकरणे । ततश्चक्रत्वपेक्षयादक्षिणैक्येपि ऋत्विगपेक्षयादक्षिणाभेदसम्भवाद्दक्षिणास्विति बहुवचनस्य नानुपपत्तिरिति द्रष्टव्यम् ।

तं tam (नचिकेतसं) him (Nachiketas).

ह ha, when.

कुमारं kumâram (प्रथम वयसं, बालं), a boy.

सन्तं santam (स्थितं) being (still)

दक्षिणासु dakshinâsu (दक्षिणार्थासु) when the presents.

नीयमानासु nîyamânâsu (विभागेन—उपनीयमानासु, दीयमानासु) weré being given to or brought (for the priests), to be led.

श्रद्धा sraddhâ (आस्तिक्यबुद्धिः) faith, strong desire (for the welfare of his father), earnestness.

आविवेश â-vi-ves'a (प्रविष्टवती) entered, Madhvâ's reading is विवेश without आ.

सः sah, he.

अमन्यत amanyata, thought, said to himself, pondered.

Faith entered him, though still a boy, when the cows were being given as present to the priests. He thought.

MANTRA 3.

पीतोदका जग्धतृणा दुग्धदोहा निरिन्द्रियाः ।

अनन्दा नाम ते लोकास्तान् स गच्छति ता ददत् ॥ ३ ॥

अन्वयः—पीतोदकाः जग्धतृणाः दुग्धदोहाः निरिन्द्रियाः, या एवंभूता गावः ताः ऋत्विग्भ्यो ददत्, अनन्दाः ते लोकाः सन्ति नाम खलु तान् स यजमानो गच्छति ॥

वृत्तिः—अदुग्धप्रकारमेवदर्शयति (पीतोदका इति) "पीत" इति "पीत" मुदकं याभिस्ताः "पीतोदकाः"। "जग्धं" भक्षितं "तृणं" याभिस्ताः "जग्धतृणाः"। "दुग्धोदोहाः" क्षीराख्यो याभिस्ताः दुग्धदोहाः। "निरिन्द्रियाः" अप्रजननसमर्थाः। जीर्णा निष्फला इति यावत्। या एवं भूता गावः। "ताः" ऋत्विग्भ्योदक्षिणाबुद्ध्या "ददत्" प्रयच्छन्। "अनन्दाः" असुखाः ते शास्त्रसिद्धा "लोकाः" सन्ति "नाम" खलु। "तान् स" यजमानो "गच्छति"। एवममन्यतेत्यर्थः।

पीतोदकाः pîtodakâ*h* (पीतं उदकं याभिः ताः 1) drunk water

जग्धतृणाः jagdha-tṛi*nâḥ* (भक्षितं तृणं याभिः ताः 2) eaten hay or grass (but cannot do so now), burnt sacrificial wood or straw.

दुग्धदोहाः dugdha-dohâ*h* (दुग्धोदोहः क्षीराख्यो याभिः ताः 3) given milk· milked or abstemious.

निरिन्द्रियाः nirindriyâ*h* (अप्रजनन समर्थाः जीर्णाः 4) barren, without strength (to breed), frẹe from passion.

अनन्दाः anandâ*h* (अनानन्दाः, असुखाः) Unblessed, joyless, or अः इति ब्रह्मेति श्रुतेः। अकारस्सर्ववागात्मा परब्रह्माभिधायकः॥ अकारो ब्रह्म॥ अ-नन्द=ब्रह्मानन्देति अ means "Brahma", नन्द "joy", "full of Brahma-bliss."

नाम Nâma, called, surely.

ते te, those (well known).

लोकाः lokâ*h*, जन्मानि, स्थानानि, worlds, births,

तान् tân, to them, to which.

सः sa*h* (यजमानः), he.

गच्छति gachchhati, goes.

ताः tâ*h* them. T. S. तेभ्यः शिष्येभ्यः "to them". लिङ्गव्यत्ययश्छान्दसः ॥

ददत् dadat (प्रयच्छन्) giving. ब्रह्मविद्यां ददत् giving (them Brahma-vidya).

1. (पीतमेव उदकं याभिः न तु पातव्यंमस्ति) or पीतं गुरोः पादोदकं यैः ते शिष्याः, भक्तिप्रीताः, who have drunk the water (of Guru's feet); devoted.

2. (जग्धमेव भक्षितमेव तृणं न तु जग्धव्यमस्ति) or भक्षितं तृणं यैः ते स्वल्पाहाराः, दुर्वासावदत्युग्रतपसाः, नम्राः तितिक्षावन्तो वा ॥ who have eaten straw, *i.e.*, who have fasted and are small eaters like Durvâsâ (eater of durvá grass) *i.e.*, humble, and of patient endurance.

3. (दुग्धमेव दोहोयासां न तु दोग्धव्यमस्ति) गुरोर्गोदोहनतत्पराः, or सेवकाइति यावत् श्रद्धालवोवा who have milked the cows for their Guru, *i.e.*, performed the services of a student. Obedient.

4. (निर्वीर्याः, दुर्बलाः) इन्द्रियाणि कामक्रोधादीनि, तैः रहिताः, शमदमसम्पन्नाः, संयतेन्द्रियाः ॥ without passions.

Drunk water, eaten hay, given milk, and barren—giving (such cows to the priests)—verily joyless are those world, to those he goes who gives such cows.

MANTRA 4.

स होवाच पितरं तत कस्मै मान्दास्यसीति ।

द्वितीयं तृतीयन्तᳫं होवाच मृत्यवे त्वा ददामीति ॥ ४ ॥

अन्वयः—स ह पितरं उवाच ॥ हे तत (तात) कस्मै (ऋत्विजे) मां दास्यसि ॥ द्वितीयं तृतीयं अपि पर्यायं कस्मै मां दास्यसि इति उवाच ॥ पिता कुपितः तं (पुत्रं) मृत्यवे त्वा ददामि इति उवाच ॥

वृत्तिः—(सहोवाच पितरमिति) दीयमान दक्षिणावैगुण्यं मन्यमानो नचिकेताः स्वात्मदानेनापि पितुः क्रतुसाद्गुण्य-मिच्छन्नास्तिकाग्रेसरः "पितरमुपगम्योवाच"। तत। "हेतात" "कस्मै" ऋत्विजेदक्षिणार्थं "मां दास्यसीति" । सएव मुक्तेनापि पित्रा उपेक्ष्यमाणोऽपि द्वितीयं तृतीयमपि पर्यायं कस्मै मां दास्यसीत्युवाच । बहुनिर्बध्यमानः पिता कुपित स्तं पुत्रं मृत्यवेददामीत्युक्तवान् ।

स sa, he (Nachiketâ thinking that "the imperfection in the sacrifice of my father should not be allowed to pass unamended by me his son, even if it cost me my life.")

ह ha (किल) verily

उवाच uvâcha, said (having approached.)

पितरम् pitaram, father.

तत tata (तात) O Father! O dear father!

कस्मै kasmai, to whom (to what priest, as a dakshi*n*â-fee)

माम् mâm, me.

दास्यसि dâsyasi, wilt thou give (for by giving me away thou shalt fulfil thy vow of giving every thing.)

इति iti, thus. (The father having heard this kept quiet, did not heed him.)

द्वितीयं dvitîyam, (एवं प्रकारेण द्वितीयवारं) a second time (Nachiketâ, repeated the question twice.)

तृतीयं tritîyam, (तृतीयवारं चोवाच) a third time (father keeping silent, he said again.)

तं tam, him (*i.e.* to the son, the father being angry.)

ह ha, (आश्चर्ये) Behold! Hâ!

उवाच uvâcha, said.

मृत्यवे mrityave, (यमाय वैवस्वताय) to Mrityu the son of Vivasvat.

त्वा tvâ, (त्वां) thee.

ददामि dadâmi, I give (Madhva's reading is ददानि let me give).

इति iti, thus. (Namely the father said "Be thou dead."

He said to his father then: "O father! to what (priest) wilt thou give me." Twice and thrice, (he asked this question). The father said to him "To Death I give thee."

MANTRA 5.

बहूनामेमि प्रथमो बहूनामेमि मध्यमः ।
किँस्विद्यमस्य कर्त्तव्यं यन्मयाद्य करिष्यति ॥ ५ ॥

अन्वयः—(पुत्रः अशोकः पितरं उवाच) बहूनां एमि प्रथमः, बहूनां एमि मध्यमः ॥ किं स्विद् यमस्य कर्त्तव्यं यत् मया अद्य करिष्यति ॥

वृत्तिः—एवमुक्तोपि पुत्रः विगतसाध्वसशोकः पितरमुवाच (बहुनामेमीति) सर्वेषांमृत्युसदनगन्तृणां पुरतः मध्येवा-गच्छामि । नतुपश्चात् । मृत्युसदनगमनेन कोपि मम विचार इति भावः । किंतर्हीत्यत्राह (किंस्विद्यमस्येति) मृत्युर्यद्-द्यमयाकरिष्यति । तत्तादृशंयमस्यकर्त्तव्यं किंवा । पूर्णकाम-स्यमृत्योर्मादृशेन बालिशेन किं प्रयोजनं स्यात् । येन अ-

त्विगम्य इव तस्मै मदर्पणं सफलं स्यात्। अतएतदेवानुशोचामीतिभावः।

बहूनां Bahûnâm, (शिष्याणां, पुत्राणां, or मुख्यवृत्तिमतां मरिष्यमाणानाम् मध्ये) ॥ Among many (pupils, or sons or persons of best conduct.) Persons of best conduct are those who serve their elders, unasked, whenever an opportunity of service arises. Or among the many who will die or are dying, I being the first, go to Yama.

एमि emi (गच्छामि) I go.

प्रथमः prathama*h*, first.

बहूनां bahûnâm, (मध्यमानां, मध्यमवृत्तिमतां शिष्यादीनां) of many (belonging to the middling class; sons, pupils &c. who serve when asked to do so).

एमि emi (गच्छामि) I go.

मध्यमः madhyama*h*, middle. मृतानां मध्ये among many who are dead, I being the middle go to Yama. R. I go either in the front rank or in the middle of those who are going to the Yama's abode, but not the last, for many will still follow me : why should I grieve about it ; when death is inevitable to all.

किम् kim, what } both together mean "Or,
स्विद् svid, (वा) else } on the other hand."

यमस्य Yamasya, of Yama.

कर्तव्यं kartavyam, (प्रयोजनं) to be done, object, necessity R. What does Yama want with a stripling like me, that I am to go to him to-day : Yama is above all desires and so I can be of no use to him, and so my father will get no merit by giving me to Yama, as he would have got had he given me to some priest. Therefore do I grieve, not because I die, but that my death will be of no avail to my father.

यत् yat, which.

मया mayâ, (दत्तेन) by me, (being given to Yama).

अद्य adya, today.

करिष्यति karishyati, he will do. (There is, as a matter of fact, nothing which I can do, by my going to Yama; but if thou still biddest me to go; I go willingly, without any grief, being sustained by the following consideration. R. The father hearing these words of his son, began to repent of his hasty words. To him thus grieving, the son said) :—

(The son accepting the curse of his father said to him.)

Among many I go as first, among many I go as middle. What object has Yama, which through me, will he accomplish to-day.

Mantra 6.

अनुपश्य यथा पूर्वे प्रतिपश्य तथा परे ।

सस्यमिव मर्त्यः पच्यते सस्यमिवाजायते पुनः ॥ ६ ॥

अन्वयः—पूर्वे यथा स्थिताः, तान् अनुपश्य तथा च अपरे (तिष्ठन्ति) तान् प्रतिपश्य (आलोच्य) तथा वर्त्तितव्यं । मर्त्यः सस्यमिव पच्यते सस्यमिव पुनः आजायते ॥

वृत्तिः—साध्वसरोषावेशहीनमीदृशपुत्र वाक्यं श्रुत्वा क्रोधावेशान्मया मृत्यवे त्वां ददामीत्युक्तम् । नेदृशं पुत्रं मृत्यवे दातु मुत्सह इति पश्चात्तमहृद्यं पितरमा लोक्योवाच (अनुपश्येति) पूर्वे । पितामहादयो यथा मृषावादं विनै वस्थिताः । यथाचापरे साधवोऽद्यापितिष्ठन्ति । तानन्वीक्ष्य तथा वर्तितव्यमितिभावः (सस्यमिवेति) मर्त्यः सस्यमिवा ल्पेनापिकालेन जीर्यति । जीर्णश्चमृत्वा सस्यमिवपुनरा-जायते । एवमनित्येजीवलोके किं मृषाकरणेन । पालय सत्यम् । प्रेषय मां मृत्यव इतिभावः ।

अनु anu (अनेन, पितृपितामहाः अनेनवृत्ताः स्वधर्मे सत्य-वचनादौस्थिताः) back, (towards the by-gone fathers and grand-fathers, who stood firm on their duty of telling truth &c.)

पश्य pas'ya (आलोचय, निभालय) look, ponder, think deeply.

यथा yathâ (येन प्रकारेण) how, in what way.

पूर्वे pûrve (अतिक्रान्ताः पितृपितामहादयःपूर्वे यथा वृत्ताः तान् दृष्ट्वा) the prior ones (who have gone before; the fathers and grand fathers &c) M. Having seen those who have died before me.

प्रति prati, forward.

पश्य pas'ya, look (तथा परे च मरिष्यन्तिइति प्रतिपश्य शोकं हित्वा यम यमं इति) Looking also to the fact that others also must die. I go to Yama without any sorrow.

तथा tathâ, how.

अपरे apare (वर्तमानाः साधवः) others (good men who are alive.)

सस्यं sasyam, corn. (This illustration shows that death is ordained for all).

इव iva, like.

मर्त्यः martyah (मनुष्यः) the mortal, the man.

पच्यते pachyate (जीर्णो म्रियते) ripens, decays and dies or becomes cooked, becomes mature, fitted.

सस्यम् इव sasyam iva, like corn. Or "as (one's) merit." R. In a short time, he decays.

आजायते âjâyate (आविर्भवति) springs up, appears (Madhva reads जायते without आ.)

पुनः punah, again (as birth and death is the fate of all creatures, I feel no grief by being given to Death—to one where I must have gone some day)

Having looked behind those who have gone before (how firm they stood on truth,) so also having looked round (those) others (who are now living, how they also never renounced truth, thou shouldst follow their example.) The mortal (man) decays like corn, and is born again like corn.

Mantra 7.

वैश्वानरः प्रविशत्यतिथिर्ब्राह्मणो गृहान् ।
तस्यैताꣳशान्तिं कुर्वन्ति हर वैवस्वतोदकम् ॥ ७ ॥

अन्वयः—वैश्वानरः (इव) अतिथिः ब्राह्मणः सन् गृहान् प्रविशति । तस्य (अग्नेः) एतां शान्तिं कुर्वन्ति (सन्तः) ॥ हे वैवस्वत उदकं हर (आहर).

वृत्तिः—एवमुक्ताप्रेषितः प्रोषितस्य मृत्योर्द्वारि तिस्रोरा त्रीरनश्नन्नुवास। ततः प्रोष्यागतं यमं द्वार्याश्च वृद्धा ऊचुः (वैश्वानरः प्रविशतीति) साक्षादग्निरेवातिथिर्ब्राह्मणः सन् गृहं प्रविशति। तस्याग्नेरेतां पाद्यासनदानादि लक्षणां शान्तिं कुर्वन्ति सन्तः। तदपचारेऽदग्धा माभूमेति। अतः हे वैवस्वत। नचिकेतसेपाद्यार्थमुदकंहर। आहरेत्यर्थः।

वैश्वानरः	vais'vânara*h* (अग्निरिव) Fire (like fire.)
प्रविशति	pravis'ati, enters.
अतिथिः	atithi*h*, a guest.
ब्राह्मणः	brâhma*nah*, (ब्रह्मज्ञानी) a Brâhmana (a knower of Brahman.)
गृहान्	gṛihân, in the houses दहन् इव (as if burning the houses, purifying the houses, see next verse.)
तस्य	tasya (दाहं शमयन्त इव) of that (burning).
एतां	etâm, this (offering of water for the feet, seat, &c.)
शान्तिं	s'ântim, peace (or quenching.)
कुर्वन्ति	kurvanti, they do.
हर	hara (आहर) bring fetch, take.
वैवस्वत	vaivasvata, O Vaivasvata.
उदकम्	udakam (नचिकेतसे पाद्यार्थम्) water (for washing the feet of Nachiketas.)

(Then Nachiketas went to Yama. Yama had gone to another place and was not at home. The wife of Yama, offered welcome and pujá to the guest. But Nachiketas said "The host not being at home I cannot accept these at your hand." Nachiketas thus remained for three days without food. When Yama returned, his wife said to him. R. Nachiketas did not enter the Palace of Yama, but remained at his gate; the above is addressed by the gate-keepers to Yama when he returned.)

Like fire a Brahmin guest enters the house. The (wise) quench (lit. make this quenching) it thus (by peace-offerings). Fetch water O Vaivasvat.

MANTRA 8.

आशाप्रतीक्षे सङ्गतꣳ सूनृताञ्
चेष्टापूर्ते पुत्रपशूꣳश्च सर्वान् ।
एतद् वृङ्क्ते पुरुषस्याल्पमेधसो
यस्यानश्नन् वसति ब्राह्मणो गृहे ॥ ८ ॥

अन्वयः—यस्य अल्पमेधसः गृहे अनश्नन् ब्राह्मणः वसति, तस्य आशा, प्रतीक्षे, संगतं, सुनृतां, इष्टा-पूर्ते, पुत्र-पशून् च सर्वान् एतद् वृंक्ते ॥

वृत्तिः—अकरणेप्रत्यवायं च दर्शयन्तिस्म। (आशा प्रतीक्षे इति) "यस्या" "अल्पमेधसः" अल्पप्रज्ञस्य पुरुषस्य गृहे "अनश्नन्" अभुञ्जानः अतिथिर्वसति। तस्याशा प्रतीक्षे काम संकल्पा। यद्वा अनुत्पन्नवस्तु विषयेच्छा आशा। उत्पन्नवस्तु प्राप्तीच्छा प्रतीक्षा "संगतम्" "सत्संगमं" "सूनृतां" सत्य-प्रियवाचं। इष्टापूर्ते इष्टं यागादि पूर्तं खातादि पुत्रान् पशूंश्च एतत् अनशन रूपं पापं "वृङ्क्ते" वर्जयति, नाश-

यतीत्यर्थः । वृजीवर्जने । रुधादित्वात् श्नम् । अजवनङत्व-स्माद्धातोर्वादादित्वाच्छपोलुक् ।

आशा âs'â (अनिर्ज्ञातप्राप्येष्टार्थप्रार्थना) hopes (प्राप्तवस्तुविषयेच्छा-माशा)

प्रतीक्षे pratîkshe (निर्ज्ञातप्राप्यार्थप्रतीक्षणं) expectations. (अप्राप्त वस्तुविषयेच्छा).

संगतं samgatam (सत्संगमं सत्संयोगजं फलं) possessions (सुहृत्संगतिं) friends.

सूनृतां sunṛitâm (प्रिया वाक् तत् निमित्तंच) righteousness, (जनकर्तृक साधुवादं) good opinion of men.

च cha, and.

इष्टापूर्ते ishṭâpurte (ishṭam purtam. The lengthening of the vowel अ of ishṭa into आ ishṭâ is by Pânini VI. 3 137. Ishṭa यजनं, यागजं, pûrtam आरामतटाकादि,) (fruit of) religious sacrifices (viz Deva-loka ; fruits of his) public charities (or secular liberality viz. Pitriloka.)

पुत्र-पशून् putra-pasun. Sons and cattle.

च cha and.

सर्वान् sarvân, all.

एतद् etad, this (अनशनरूपं पापं) the sin of fasting.

वृङ्क्ते vṛinkte (from वृजी वर्जने श्नम् विकरणं ; वर्जयति, विनाशयति) destroys, deprives.

पुरुषस्य purushasya, of the person.

अल्प मेधसः alpa medhasah (अल्पबुद्धेः, अल्पप्रज्ञस्य) of small understanding, foolish.

यस्य yasya (यस्य गृहे) whose (house).

अनश्नन् anas'nan (अभुञ्जानः) without eating food or without experiencing.

वसति vasati, dwells.

ब्राह्मणः Brâhmaṇah A Brâhmin.

गृहे gṛihe, in the house.

In the house of what man of small understanding, a Brahmin dwells fasting, this (sin of non-feeding him) takes away all his hopes and expectations, good possessions and righteousness, the fruits of religious and charitable deeds, and sons and cattle.

Mantra 9.

तिस्रोरात्रीर्यद्वात्सीर्गृहे मे

ऽनश्नन् ब्रह्मन्नतिथिर्नमस्यः ।

नमस्तेऽस्तु ब्रह्मन् स्वस्तिमेऽस्तु

तस्मात्प्रति त्रीन् वरान् वृणीष्व ॥ ९ ॥

अन्वयः—मे गृहे यत् (यस्माद्धेतोः) हे ब्रह्मन् नमस्यः अतिथिः त्वं तिस्रो रात्रीः अवात्सीः, नमः ते अस्तु, स्वस्ति मे अस्तु, तस्माद्धेतोः, त्रीन् वरान् प्रति (उद्दिश्य) वृणीष्व ॥

वृत्तिः—एवंवृद्धैरुक्तोमृत्युः नचिकेतसमुवाच (तिस्रोरा-त्रीर्यद्वात्सीरिति) मेगृहे यस्माद् हेतोर्हे ब्रह्मन्नमस्कारार्हो ऽतिथिस्त्वं तिस्रोरात्रीरभुञ्जान एव अवात्सीरित्यर्थः (नमस्ते इति) स्पष्टोर्थः (तस्मादिति) तस्माद्धेतोर्मह्यंस्वस्ति यथास्यादित्येवमर्थं त्रीन् वरान् प्रति। उद्दिश्य वृणीष्व

प्रार्थय तव लिप्साभावेऽपि मदनुग्रहार्थमनशनरात्रिसमसं-
ख्याकान् त्रीन् वरान् वृणीष्वेत्यर्थः ।

तिस्रः tisrah, three.

रात्रीः râtrîh (दिन त्रयं) nights, three days.

यत् yat (यस्मात्) as, because.

अवात्सीः or त् avâtsîh or°t (उषितवान् असि, वासम् अकार्षीः) thou hast dwelt.

गृहे gṛihe, in house.

मे me (मम) my.

अनश्नन् anas'nan (अभुञ्जानः सन्) not eating.

ब्रह्मन् Brahman (हे ब्रह्मन्) O Brâhmaṉa !

अतिथिः atithih (सन्) a guest.

नमस्यः namasyah (नमस्कारार्हः, नमन योग्यः) venerable, worthy of salutation, honorable.

नमः namah, salutation, hail.

ते te (तुभ्यं) to thee.

अस्तु astu (भवतु) let be.

ब्रह्मन् Brahman ! O Brahmaṉa !

स्वस्ति svasti (भद्रं, मङ्गलं, an indeclinable), prosperity, welfare.

मे me (मह्यं) to me.

अस्तु astu, let be.

तस्मात् tasmât, therefore (because you dwelt without food three nights, and so I became guilty) or tasmât prati तस्य प्रतीकाराय "in order to remedy the evil effect of that."

प्रति prati, for each (night); or (प्रतीकाराय) in order to remedy.

त्रीन् trîn, three.

वरान् varân, boons (अभिमेतार्थ विशेषान्).

वृणीष्व vri*n*îshva (प्रार्थयस्व, संभजस्व, स्वीकुरु) ask, elect, choose, take for thyself.

Because in my house, O Brahmana! thou an honorable guest hast dwelt for three nights (without food), therefore let there be salutation to thee and peace to me; therefore three boons, one for each night, ask.

MANTRA 10.

शान्तसङ्कल्पः सुमना यथा स्याद्
वीतमन्युर्गौतमो माभि मृत्यो ।
त्वत्प्रसृष्टं माभिवदेत् प्रतीत
एतत्त्रयाणां प्रथमं वरं वृणे ॥ १० ॥

अन्वयः—हे मृत्यो शान्तसंकल्पः सुमनाः वीतमन्युः गौतमः यथा मां अभि (प्रति) स्यात्; त्वत् प्रसृष्टं मा अभि (मां प्रति) प्रतीतः सन् वदेत्, एतत् त्रयाणां प्रथमं वरं वृणे ॥

वृत्तिः—एवं प्रार्थितो नचिकेतास्त्वाह (शान्तसंकल्प इति) हे मृत्यो मत्पुत्रो यमं प्राप्य किंकरिष्यतीति मद्विषयचिन्तारहितः प्रसन्नमनाः । मामभि मांप्रति मम पिता गौतमः वीतरोषश्च यथास्यादित्यर्थः । किंच (त्वत्प्रसृष्टमिति) त्वया गृहाय प्रेषितं मा अभि मां प्रति प्रतीतः, यथापूर्वं प्रीतः सन्वदेत् । यद्वाअभिवदेत्, आशिषं प्रयुञ्ज्यात् । अभिवदतिनाभिवादयत इतिस्मृतिषु अभिवदनस्य आशीर्वादे-प्रयोगात् (एतदिति) स्पष्टोर्थः ॥

शान्त-संकल्पः sânta-sankalpa*h* (उपशान्तः संकल्पो यस्य मां प्रति or मद्विषये शान्तसंकल्पो यस्य) calm of thought; having no anxiety as regards me, *i.e.*, my father should be free from anxiety on my account—not troubled with the thought "how is my son faring in Yama's abode"; free from doubts (regarding my fate).

सुमनाः sumanâ*h* (प्रसन्नमनाः, सौमनस्यमनस्कः) good-hearted, kind, pleased in mind.

यथा yathâ, so, as that.

स्यात् syât, he may be.

वीत-मन्युः vîta-manyu*h* (विगत रोषः, अपगतः कोपः) free from anger.

गौतमः Gautama*h* (मम पिता) Gautama (my father).

मा अभि mâ abhi (मां प्रति) towards me.

मृत्यो mṛityo (हेमृत्यो) O Death !

त्वत्-प्रसृष्टं tvat-prasṛishṭam (त्वया विनिर्मुक्तं प्रेषितंगृहंप्रति, or त्वयाप्रेषितं) by thee discharged or permitted or sent back or dismissed (towards home).

मा mâ (माम्) me.

अभिवदेत् abhi-vadet (आशिषं प्रयुञ्ज्यात्) bless (me), greet. [or मा अभि = मां प्रति towards me, वदेत् he may speak, as one who recovered his memory].

प्रतीतः pratîta*h* (प्रत्यभिज्ञातवान्, लब्धस्मृतिः) assured in mind, remembering, assured of (soul-identity not thinking that the corpse has been obsessed by some elemental, and thus may not shun me, as people ordinarily do in cases of persons recovering from death) R. यथा पूर्वं प्रीतः "with the old affection".

एतत् etat (प्रयोजनं) this. or (वरं)

त्रयाणां trayâṇâm, of the three.

प्रथमं prathamam, first (आद्यं)

वरं varam, boon.

वृणे vṛine (प्रार्थयेयं) I ask or choose.

O Death! so that my father Gautama be calm of thought, pleased in mind, free from anger towards me, and that he may greet me with old affection, when sent back by thee, this is the first of the boon I ask.

MANTRA 11.

यथा पुरस्ताद्भविता प्रतीत
औद्दालकिरारुणिर्मत्प्रसृष्टः ।
सुखꣳ रात्रीः शयिता वीतमन्युस्
त्वां ददृशिवान्मृत्युमुखात्प्रमुक्तम् ॥ ११ ॥

अन्वयः—यथा पुरस्तात् प्रतीतः भविता औद्दालकिः आरुणिः मत् प्रसृष्टः वीतमन्युः (सन् उत्तरा अपि रात्रीः) सुखं शयिता (सुखनिद्रां प्राप्स्यति,) मृत्युमुखात् प्रमुक्तं त्वां ददृशिवान् सन् ॥

वृत्तिः—एवमुक्तो मृत्युः प्रत्युवाच (यथापुरस्तादिति) यथापूर्वं त्वयि हृष्टो भविता। उद्दालक एव औद्दालकिः। अरुणस्यापत्यमारुणिः द्व्यामुष्यायणो वा उद्दालकस्यापत्यं । अरुणस्य गोत्रापत्यमिति वार्थः । मत्प्रसृष्टः, मदनुज्ञातः, मदनुगृहीतः सन् । मदनुग्रहादित्यर्थः । (सुखमिति) त्वयिगत

मन्युः सन् उत्तरा अपिरात्रीन्सुखंशयिता । लुट् । सुखनिद्रां-
प्राप्स्यतीतियावत्॥ दर्शिवान् दृष्टवान् सन्नित्यर्थः। क्वसन्तोयं
शब्दः । दृशेश्चेतिवक्तव्यमिति क्वसोरिट् । छन्दसो द्विर्वचना-
भावः । मत्प्रसृष्टमिति द्वितीयान्तपाठेप्रेषितं त्वामिति
योजना ॥

यथा yathâ, as.

पुरस्तात् purastât (पूर्ववत्, or ग्रामान्तरात् आगतः) before M. or a person coming back from sojourning in another city (पुरः-city.)

भविता bhavitâ (भविष्यति) will be.

प्रतीतः pratîta*h* (प्रतीतवान् सन्, पितामत्स्वभिज्ञातः) assured or recognised. R. with old affection.

औद्दालकिः Auddâlaki*h* (उद्दालकस्य अपत्यं or उद्दालक एव) the son of Uddâlaka ; or Uddâlaka.

आरुणिः Aru*n*i*h* (अरुणस्य अपत्यं or अरुणायाः) the son of Aru*n*a or Aru*n*â (mother). Son of two fathers, according to Sankara. The son of the father called Uddâlaka and the mother called Aru*n*â, according to Madhva. R. Of the clan or Gotra of Aru*n*a.

मत्-प्रसृष्टः mat-prasṛishṭa*h* (मदनुग्रहात्, मया अनुज्ञातः or मत्-प्रेषितः भवान्) through my favor, or (when you will be) sent back by me.

सुखं sukham (प्रसन्न मनाः) peacefully, with tranquil mind.

रात्रीः râtrî*h*, nights.

शयिता sayitâ (स्वप्ता, शयानो भविता) will sleep.

वीत-मन्युः vîta-manyu*h*, free from anger

त्वां tvâm, thee.

ददृशिवान् dadṛisivân (दृष्टवान्) R reads ददर्शिवान्, seeing, having seen.

मृत्यु-मुखात् mrityu-mukhât (मृत्यु गोचरात्, समीपात्) from the mouth (or proximity) of Death.

प्रमुक्तं pra-muktam, freed fully.

As he was pleased with thee before, so with old affection Auddalaki Aruni will be (inclined towards thee). Through my favor, he will have pleasant sleep in (future) nights, free from anger towards thee, seeing thee freed from the mouth of death.

(You) being dismissed by me, will be recognised (by your father), as (a person returning home) from another city. The son of Uddâlaka will be free from anger, having seen thee freed fully from the jaws of death.

MANTRA 12.

स्वर्गे लोके न भयं किञ्चनास्ति
न तत्र त्वं न जरया बिभेति ।
उभे तीर्त्वाऽशनायापिपासे
शोकातिगो मोदते स्वर्गलोके ॥१२॥

अन्वयः—स्वर्गे लोके किंचन भयं नास्ति, हे मृत्यो तत्र त्वं न प्रभवसि । न जरया बिभेति ॥ उभे अशनाया-पिपासे तीर्त्वा, शोकातिगः स्वर्ग-लोके मोदते ॥

वृत्तिः—नचिकेता वरं द्वितीयं प्रार्थयते (स्वर्गेलोक इत्या-दिनामन्त्रद्वयेन) अत्रस्वर्गशब्दो मोक्षस्यामपरः । यथाचेत-

तपोत्तरत्र वक्ष्यते । हे मृत्यो त्वं तत्र न प्रभवसि । जरायुक्तः सन् न बिभेति । जरातो न बिभेति । तत्र वर्तमानः पुरुष इति शेषः ॥ (उभेइति) अशनाया बुभुक्षा । अत्रापि स्वर्गशब्दो-मोक्षस्थानपरः ।

स्वर्गे svarge (M. स्वर्गवच्छिते भगवल्लोके R. अत्र स्वर्ग शब्दो मोक्ष-स्थानपरः) In the heaven (the loka of Vishnu) R. Svarga is equivalent to Moksha here.

लोके loke, world

न na, not

भयं bhayam, fear (from disease &c.)

किंचन kin chana (किंचिदपि M. किमपि) not the least,

अस्ति asti, is

तत्र tatra, there (the Heaven-World)

त्वं tvam (मृत्यो, M. त्वं न भासि, शिक्षकत्वात्) Thou (O Death, art not there because thou being the Teacher art on another plane.) R. प्रभवसि thou dost not rule there.

न na, not.

जरया jarayâ, by decay or on account of old age.

बिभेति bibheti, is afraid (M. तल्लोकगतः) *i.e.*, the inhabitant thereof.

उभे ubhe, both.

तीर्त्वा tîrtvâ (अतिक्रम्य) crossing over, leaving behind.

अशनाया-पिपासे asnâyâ-pipâse, hunger and thirst.

शोकातिगः sokâtiga*h* (शोकं अतीत्य गच्छति, M. शोकानतिक्रान्तत्वात्) out of the reach of sorrow, being above sorrow, free from mental pain.

मोदते modate (हृष्यति, M. सुखमनुभवति) rejoices, experiences pleasure.

स्वर्ग-लोके svarga-loke (दिव्ये M. पुनरावृत्तिसहितस्वर्गे) in the heaven world. (The repetition of the word "heaven-world," is either for the sake of showing honor to it; or to point out that this svarga-loka is not the Vishnu-loka, but the popular well-known swarga-loka, which lasts for a Manvantara).

In Heaven-world there is no fear. O Death, thou art not there and decay does not frighten. Crossing over both hunger and thirst, the sorrow-transcended rejoices in Heaven-world.

MANTRA 13.

स त्वमग्निꣳ स्वर्ग्यमध्येषि मृत्यो
प्रब्रूहि तꣳ श्रद्दधानाय मह्यम् ।
स्वर्गलोका अमृतत्वं भजन्त
एतद्द्वितीयेन वृणे वरेण ॥ १३ ॥

अन्वयः—हे मृत्यो स त्वं स्वर्ग्यं अग्निं अध्येषि, तं मह्यं श्रद्दधानाय प्रब्रूहि; स्वर्गलोकाः (परमपदमाप्ताः) अमृतत्वं भजन्ते । एतद् द्वितीयेन वरेण वृणे ॥

वृत्तिः—(सत्वमिति) पुराणादिप्रसिद्धसार्वज्ञयत्वं स्वर्गप्रयोजनमग्निं जानासि। स्वर्गादिभ्यो यद्वक्तव्य इति प्रयोजनमित्यर्थेयत् । स्थण्डिलरूपाग्नेः स्वर्गप्रयोजनकत्वंच उपासनाद्वारेति उत्तरत्रस्फुटम् । श्रद्दधानाय=मोक्षश्रद्धा-

यते। स्वर्गलोकेन तव किं सिध्यतीत्यत्राह, (स्वर्ग लोका इति) स्वर्गोलोकोयेषां ते। परमपदं प्राप्ता इत्यर्थः। परंज्योतिरुपसंपद्य स्वेनरूपेणाभिनिष्पद्यंत इति "देशविशेषविशिष्टब्रह्मप्राप्तिपूर्वकत्वात्स्वरूपाविर्भावलक्षणमोक्षशब्दिता मृतत्वस्येतिभावः" (एतदिति) स्पष्टम् ॥

स sa, he (प्रश्नकः) } i. e, your honour.
त्वं tvam, thou (प्रभुः) }

अग्निं agnim (M. अग्निनामकंहरिं) Fire: the God Hari under the designation of Agni.

स्वर्ग्यं svargyam (स्वर्गलोकस्य प्राप्तिसाधनंभूतं, M. स्वर्ग-साधनं) that leads to heaven, which is the means of attaining heaven. R. स्वर्गं प्रयोजनं that whose purpose is Heaven. The affix य is added by the Vârtika to Panini V. I. 111.

अध्येषि adhyeshi (स्मरसि, जानासि) thou rememberest, knowest.

मृत्यो mrityo (हे मृत्यो) O Death!

प्र-ब्रूहि pra-brûhi (वदस्व) tell, fully speak.

तं tam, that or this (the Fire on the altar which is called Hari.)

श्रद्दधानाय sraddadhânâya (श्रद्धावते) to the faith-ful. R. To me who desires moksha.

मह्यम् mahyam (स्वर्गार्थिने) to me (who desires heaven. M. Not merely because it leads to heaven, that this Fire-sacrifice should be learnt; but because it further leads to Mukti also, as follows).

स्वर्गलोकाः swarga-lokâh (स्वर्गो लोको येषां ते परंपदप्राप्ताः) the heaven-world-dwellers. M. Those who live for one Manvantara in the Svarga world, and obtain afterwards Mukti there) R. Those who have reached the highest state aud have attained the form of Highest Luminousity—the true form of Self.

अमृतत्वं amṛitatvam (अमरत्वतां, देवत्वं; M. मुक्तिं) immortality, Deva-hood, Mukti or liberation. R. The state preliminary to Brahm-attainment, the state of having the same form as Vishnu.

भजंते bhajante (प्राप्नुवन्ति) reach, attain.

एतद् etad, (अग्नि विज्ञानं, एतं) this (science of Fire.)

द्वितीयेन dvitîyena, (M. द्वितीयं) by the second, or second.

वृणे vṛine (प्रार्थये) I choose, I ask.

वरेण varena (M. (वरं) by the boon.

O Death ! thou verily knowest the Heavenly Fire ; teach that to me who have faith. The dwellers of Heaven world enjoy immortality. This through the second boon I choose.

MANTRA 14.

प्र ते ब्रवीमि तदु मे निबोध
स्वर्ग्यमग्निं नचिकेतः प्रजानन् ।
अनन्तलोकाप्तिमथो प्रतिष्ठां
विद्धि त्वमेतन्निहितं गुहायाम् ॥ १४ ॥

अन्वयः—ते प्रब्रवीमि, तद् उ मे (मम उपदेशात्) निबोध ॥ हे नचिकेतः स्वर्ग्यं अग्निं प्रजानन् (त्वं) अनन्तलोकाप्तिं अथः प्रतिष्ठां (अमरत्व) ॥ एतं गुहायां निहितं त्वं विद्धि ॥

वृत्तिः—एवमुक्तो मृत्युराह (प्रतेब्रवीमीति) प्रार्थितवते तुभ्यं प्रब्रवीमि । व्यवहिताश्चेति व्यवहितप्रयोगः । मम

उपदेशाज्जानीहीत्यर्थः । ज्ञानस्य फलं दर्शयति । (स्वर्ग्यमग्निमिति) अनन्तस्य विष्णोर्लोकस्तत्प्राप्तिम् । तद्विष्णोः परमंपदमित्युत्तरत्रवक्ष्यमाणत्वात् । अथो तत्प्राप्त्यनन्तरं-प्रतिष्ठां अपुनरावृत्तिं च लभत इति शेषः । तद् ज्ञानस्येदृशसामर्थ्यं कथं सम्भवतीति मन्यमानं प्रत्याह (विद्धीति) ब्रह्मोपासनाङ्गतया एतद् ज्ञानस्य मोक्षहेतुत्वलक्षणमेतत्स्वरूपं गुहायां निहितमन्ये न जानन्ति । त्वं जानीहीतिभावः । यद्वा ज्ञानार्थस्य विधेर्लाभार्थकत्व सम्भवात् । अग्निं प्रजानंस्त्वम् । अनन्तलोकाप्तिंप्रतिष्ठां लभस्वेत्युक्ते हेतुहेतुमद्भावः सिद्धो भवति । प्रजानन् । लक्षणहेत्वोरिति शतृप्रत्ययः ॥

प्र pra, (an upasarga, qualifying ब्रवीमि. Placed out of context as a Vaidika form).

ते te (तुभ्यं) to thee.

ब्रवीमि bravîmi (प्रवच्मि) I tell : explain.

तद् tad, that.

उ u, (यत्) which (M. एव) alone (thou hast asked)

मे me, (मद्वचसा M. मद् वाक्यात) from me or from my (words).

निबोध (बुध्यस्व एकाग्रमनाः सन् M. जानीहि) understand (with concentrated mind), know, learn.

स्वर्ग्यम् svargyam, (स्वर्गायहितं, स्वर्गसाधनं) heavenly, leading to heaven.

अग्निम् agnim (M. चितस्थं अग्निनामकं हरिं) Agni, or the God Hari.

नचिकेतः Nachiketa*h* (हे नचिकेतस्) O Nachiketa !

प्रजानन् prajânan, (विजानन् अहं सन्) (I) knowing R. Thou knowing (this fire, wilt reach endless worlds).

अनन्त-लोकाप्तिं ananta-lokâptim, (स्वर्गलोकफलप्राप्तिसाधनम् M. अनन्तस्य विष्णोर्लोकस्याप्तिर् प्राप्तिकारणं) the means for the attainment of the un-ending world or the Heaven-world : or the world of Vishnu. Lit. Infinite world-attainment.

अथो atho, (अपि, M. किंच) also, moreover. R. after reaching the Heaven-world.

प्रतिष्ठाम् pratishṭhâm, (आश्रयं जगतो विराड्रूपेण स्थितिं, M. सर्वलोकप्रतिष्ठाहेतुं) support (of worlds in the form of Virâṭ); the cause of the maintenance of all worlds. R. अपुनरावृत्तिं च लभते Non-return to Samsâra : fixity.

विद्धि viddhi, (जानीहि) know.

त्वम् tvam, thou

एतं etam, this (fire)

निहितं nihitam (स्थितं M. नितरां स्थितं) placed, completely placed, M. M. hidden.

गुहायां guhâyâm, (विदुषां बुद्धौ M. सर्वप्राणिहृदयगुहायां) in the cavity, in the Buddhi of the Wise, in the cavity of the heart of all creatures. M. M. in darkness.

I tell thee, that verily from me learn thou. O Nachiketa*h* knowing this Heavenly Fire, which leads to the eternal world, (get thou) then fixity. Know thou it to be placed in the cavity.

MANTRA 15.

लोकादिमग्निन्तमुवाच तस्मै
याइष्टका यावतीर्वा यथा वा ।
स चापि तत्प्रत्यवदद्द्यथोक्त-
मथास्य मृत्युः पुनरेवाह तुष्टः ॥ १५ ॥

अन्वयः—तं लोकादिं अग्निं तस्मै उवाच ॥ याः इष्टकाः यावतीः वा यथा वा स च अपि तत् यथोक्तम् प्रत्यवदत् ॥ अथ अस्य (शिष्यस्य ग्रहणसामर्थ्यदर्शनेन) सन्तुष्टः (सन्) मृत्युः पुनर् एव आह ॥

वृत्तिः—अनन्तरं श्रुतिवाक्यं (लोकादिमग्निमिति) लोकस्यादिं हेतुं स्वर्ग्यमितियावत् । तमग्निमुवाच । यत्स्वरूपा इष्टकाश्चेतव्याः । यत्सङ्ख्याकाः । येन प्रकारेण चेतव्याः । तत्सर्वमुक्तवानित्यर्थः । यावतीरिति । पूर्वसवर्णश्छान्दसः । (सचापीति) स च नचिकेताः तत् । श्रुतं सर्वं तथैवानूदितवानित्यर्थः (अथास्येति) शिष्यस्यग्रहणसामर्थ्यदर्शनेन सन्तुष्टः सन् मृत्युः पुनरप्युक्तवान् ॥

लोकादिं lokâdim (लोकानाम् आदिं प्रथमशरीरित्वाद् M. सर्वलोका नाम आदिम् कारणभूतं) the world beginning, MM the beginning of all the worlds (because of its being the first embodied), or the beginning of all worlds, as being their cause, R. The cause of the worlds.

अग्निं agnim. The fire or Hari.

तम् tam (प्रकृतं नचिकेतसा प्रार्थितं M. चित्तिस्थं अग्निनामकं हरिं) that (fire about which Nachiketa had questioned) or Hari who is in the heart and called Agni.

उवाच uvâcha (उक्तवान् मृत्युः) he (Yama) said.

तस्मै tasmai (नचिकेतसे) to him (Nachiketa).

याः 'Yâh, what.

इष्टकाः ishṭakâ*h* (चेतव्याः स्वरूपेण M. देवताः) bricks (to be put in forming the altar); M. or Devatas (to be invoked).

यावतीः Yâvatî*h* (संख्यया M. यावत् संख्याकाः) how many (in number : *i. e.*, 360.)

वा vâ or, and

यथा वा Yathâ vâ (चीयतेऽग्निर्येन प्रकारेण M. यादृशपरिमाणया) and how (they are to be placed) or how (much they should be in quantity).

स sa, He (Nachiketas)

च cha, and

अपि api, also

तत् tat, that (which was told by Yama).

प्रत्यवदत् praty-avadat (प्रत्ययेन अवदत् प्रत्युच्चारितवान् M. अनूदितवान्) uttered again, repeated.

यथोक्तम् Yatha-uktam (यथैव) as it had been told (to him by Yama)

अथ atha (तस्य प्रत्युच्चारत्वेन M. अनुवादानन्तरं) then (because of his aptness in repeating it, or after the repetition).

अस्य asya (नचिकेतसः) (pleased) with him (Nachiketas)

मृत्युः mrityu*h* (यमः) The Death or Yama

पुनरेव आह punar eva âha, again then said (in order to give another boon over and above the three.)

तुष्टः tushṭa*h*, M. (संतुष्टः) pleased.

He told him that Universe-cause Fire, what bricks, and how many, and how. He also, repeated that as told. Then Death being pleased with him again said (to him).

MANTRA 16.

तमब्रवीत्प्रीयमाणो महात्मा
वरन्तवेहाद्य ददामि भूयः ।
तवैव नाम्ना भविताऽयमग्निः
सृङ्काञ्चेमामनेकरूपाङ् गृहाण ॥ १६ ॥

अन्वयः—प्रीयमाणः महात्मा (मृत्युः) तं (नचिकेतसं) अब्रवीत् । भूयः तव (तुभ्यं) वरं अद्य इह ददामि । तव एव नाम्ना अयं अग्निः (प्रसिद्धः) भविता । इमां अनेकरूपां सृङ्कां गृहाण ॥

वृत्तिः—(तमब्रवीदिति) सन्तुष्य महामना मृत्युः नचिकेतसमब्रवीत् । पुनश्चतुर्थं वरं ददामि । प्रयच्छामीति । किं तत् । तत्राह (तवैवेति) मयोच्यमानोऽग्निस्तवैवनाम्ना नाचिकेत इति प्रसिद्धो भविता । विचित्रां सृङ्कां शब्दवतीं रत्नमालां स्वीकुर्वित्यर्थः ।

तम् tam (नचिकेतसं) to him (Nachiketas.)

अब्रवीत् abravît, (he) said.

प्रीयमाणः prîyamânah (प्रीतिमनुभवन् M. प्रीतिमान् सन् सन्तुष्य) pleased, M. M. being satisfied (at finding him an apt pupil) R. Being satisfied.

महात्मा Mahâtmâ (अक्षुद्रबुद्धिः M. महाशयः) the Great Souled, M. M. the generous: the high-minded.

वरं varam (चतुर्थं) a (fourth) boon. M. अपारम्यं

तव tava (तुभ्यं) to thee.

इह iha (प्रीतिनिमित्तं M. चितिविषये) here (because I am pleased with thee) or here (relating to the Fire altar).

अद्य adya (इदानीं) today, now.

ददामि .dadâmi (प्रयच्छामि) I give R. ददामि "Let me give."

भूयः bhûyah (पुनः) another (other than the three.)

तव tava (नचिकेतसः) thy (Nachiketa)

एव eva, alone.

नाम्ना nâmnâ (अभिधानेन M. नाचिकेताग्निरित्येवंरूपेण) by name (known or called after thy name, as Nâchiketâgni).

भविता bhavitâ (भविष्यति) will be (famous) or M. भवतु let it be.

अयम् ayam, this (whose bricks &c. have been detailed above.)

अग्निः agnih, (इष्टकाचितरूपोऽग्निः) fire.

सृङ्कां sṛinkâm (शब्दवतीं रत्नमयीं मालां, M. कण्ठमालां) garland, tinkling jewelled neck-lace : chain or अकुत्सितां गतिं कर्ममयीम् (this honoured) Path (the Path of karma.)

च cha, and

इमाम् imâm, this.

अनेकरूपाम् anekarûpâm (विचित्रां M. बहु रूपां स्वर्णमयीं) of many colours, wonderful, variegated. M. golden. Multi-form.

गृहाण grihanâ (स्वीकुरु) take, accept.

Being pleased, the high-minded Death spoke to him :—" Let me give thee here another boon to-day. By thy name alone this fire will be (known among men.) Accept this multiform Path (of Karma.")

MANTRA 17.

त्रिणाचिकेतस्त्रिभिरेत्य सन्धिं
त्रिकर्मकृत्तरति जन्ममृत्यू ।
ब्रह्मजज्ञं देवमीड्यं विदित्वा
निचाय्येमांशान्तिमत्यन्तमेति ॥ १७ ॥

अन्वयः—त्रिणाचिकेतः त्रिकर्मकृत् त्रिभिः सन्धिम् एत्य जन्ममृत्यू तरति । ब्रह्मजज्ञं देवं ईड्यम् विदित्वा इमाम् निचाय्य अत्यन्तं शान्तिं एति ॥

वृत्तिः—पुनरपि (त्रिणाचिकेत इति) त्रिणाचिकेतः । अयंवावयः पवत इत्याद्यनुवाकत्रयाध्यायी । त्रिकर्मकृत्=यजनाध्ययनदानकृत्, पाकयज्ञहविर्यज्ञसोमयज्ञकृद्वा ॥ त्रिभिः=त्रिरनुष्ठितैरग्निभिः । सन्धिं परमात्मोपासनेनसम्ब-

न्थम् । एत्य प्राप्य जन्ममृत्युतरतीत्यर्थः । करोतितद्यैनपुन नैजायत इत्यनेनैकार्थ्यात् । एवमेवद्यायंमन्त्रः । अयावामेव चेवमिति सूत्रेभाष्ये ॥ त्रिभिरेत्यसन्धिमिति निर्दिष्टमंगीभूतं परमात्मोपासनमाह (ब्रह्मय मिति) अयंमन्त्रः। विशेषवाच्चे-तिसूत्रभाष्ये । ब्रह्मजः जीवः ब्रह्मणोजातत्वात्, ब्रह्मजज्ञं= जीवज्ञं, तंदेवमीड्यं विदित्वा जीवात्मानमुपासकं ब्रह्मात्म-कत्वेना वगम्येत्यर्थः । इति विवृतम् । देवशब्दस्य परमात्म-वाचितया जीवपरयोरैक्या सम्भवात् । अत्रदेवशब्दस्य परमात्मात्मकत्व पर्यन्तोर्थ इति भाष्याभिप्रायः ॥ निचाय्य ब्रह्मात्मकं स्वात्मानं साक्षात्कृत्य । इमाम् । त्रिकर्मकृत्त-रतीतिपूर्वमन्त्रनिर्दिष्टां संसाररूपानर्थशान्तिमेतीत्यर्थः ॥

त्रिणाचिकेतः Tri-nâchiketa*h*. (त्रिकृत्वो नाचिकेतोऽग्निश्चितोयेन स or तद् विज्ञानस्तदध्ययनस्त दनुष्ठानवान् ॥ M. नचिकेतसोयं नाचिकेतः ॥ "नाचिकेतसः" इति वक्तव्ये छान्दसः सलोपः ॥ त्रयोनाचिकेता-यस्य असौ-त्रिणाचिकेतः ॥ त्रिवारानुष्ठित नाचिकेतनामाग्निचयनः पुमान्) He who has performed *thrice* the Nachiketas fire-sacrifice; or he who is its thrice master—*i. e.*, who *knows*, who *studies* and who *practises* this sacrifice. M. The proper grammatical from is Nachiketasah; the elision of स is a Vedic irregularity. He who has *thrice* performed this fire- sacrifice.

त्रिभिः tribhi*h*. (मातृपित्राचार्यैः M. वेदैः) with the three (father, mother and teacher), or M. with the three (Vedas) or the Vedas, Rik, Yajush and

Saman, or the Vedas, the Smritis and the Shishtachara. (the customs of the good men) and also the three proofs *i. e.*, Direct Perception, Inference and Revelation. R. With the three Fires.

एत्य (प्राप्य) having obtained.

संधिम् Sandhim (संधानं, संबन्धं, मात्रादि अनुशासनं यथावद् प्राप्य M. वेदत्रयाविरुद्धोवर्तते, वेदत्रयोक्तमार्गेण भगवन् तत्त्वादिकं जानन्) union, (the Eternal Triad) relationship *i.e.*, he who has been properly taught and brought up by his father, mother and teacher : M. He who follows the three Vedas and knows the three Principles (God, the Jiva, and the Matter) as taught in the three Vedas.

त्रिकर्मकृत् tri-karma-krit (इज्याध्ययनदानानां कर्ता M. यज्ञ दानतपः कर्ता) three-duty-done. M. *i. e.*, who has performed the three duties *i. e.*, sacrifice, study (or austerity) and alms-giving R. who has performed the three sacrifices called Pâka yajna, Havir yajna and Soma yajna.

तरति tarati (अतिक्रामति M. मुक्तोभवति passes over, crosses over—becomes free from ; MM over comes.

जन्म मृत्यू Janma mrityû, birth and death.

ब्रह्मजज्ञं Brahma-ja-jnam (ब्रह्मणो हिरण्यगर्भाज् जातः = ब्रह्मजः ॥ ब्रह्मजश्च असौ ज्ञश्च = ब्रह्मजज्ञः ॥ सर्वज्ञः M. ब्रह्म = वेदः ॥ तत्र व्यक्तत्वाद् ब्रह्मजः = विष्णुः ॥ जानाति इति ज्ञः = सर्वज्ञः) the Brahmâ—born and omniscient. The All-knowing child of Hiranygarbha. M. The Veda-revealed-all-knower *i.e.* the omniscient Vishnu. M M. Fire which knows (or makes us know) all that is born of Brahman. R. Brahma-born is the Jîva. He who knows or rules the Brahma-born is Ishvara.

देवं devam (द्योतनात् ज्ञानादिगुणवन्तं M. क्रीडादिगुणविशिष्टं) God (because he illumines all, knows all, or because he sports in all, the whole universe is whose play-ground), divine. R. The supreme self, the God.

ईड्यम् îdyam (स्तुत्यं) worshipped, praised (by Brahmâ &c.) M. M. venerable. R. should be adored.

विदित्वा viditvâ (शास्त्रतः M. साक्षात्कृत्य), having known (through scriptures) or directly realised. M.M. learnt. R. Having known that the jîvatmâ is the worshipper and the God the worshipped,

निचाय्य nichâyya (दृष्ट्वा च आत्मभावेन M. विचार्य) R. Having *realised*, discriminated, having seen (as identical with one's self); having reflected over. M.M. understood. G. T. seven hundred and twenty is the number of ishtakas in a year, during the morning and evening sacrifice. One should meditate thus "I am that Fire worshipped daily, morning and evening." R. Having realised his self as part of Brahm, or indwelt of Brahm, or animated by Him.

इमाम् imâm (स्वबुद्धि प्रत्यक्षां, बुद्धिरूपसाधनतया साक्षात् कृतां M. वेदादि प्रज्ञां प्रदेशमात्रमङ्गुष्ठमात्रस्वरूपां) this (realised in one's Buddhi; realised through the meditation in Buddhi ;) or M. this (taught in the vedas &c.)

शान्तिं sântim (उपरतिं) peace.

अत्यन्तं atyantam (अतिशयेन) M.M. everlasting, extreme.

एति eti (प्राप्नोति) goes to, attains, obtains (the status of a Virâj by uniting knowledge (jnâna) with karma).

The performer of three Nachiketas sacrifice, the performer of three karmas, having attained union with the three, crosses over birth and death. Having (more over) known (that) the Ishwara should be worshipped (by the jîva), because He rules (this jiva) the child of Brahmâ, and having realised (his self as part of Brahm) he attains this extreme peace.

MANTRA 18.

त्रिणाचिकेतस्त्रयमेतद्विदित्वा य एवं विद्वांश्चिनुते नाचिकेतम् । स मृत्युपाशान् पुरतः प्रणोद्य शोकातिगो मोदते स्वर्गलोके ॥ १८ ॥

अन्वयः —यः त्रिनाचिकेतः विद्वान् एतत् त्रयं विदित्वा एवं नाचिकेतं चिनुते, स पुरतः मृत्युपाशान् प्रणोद्य शोकातिगः स्वर्गलोके मोदते ॥

वृत्तिः—(त्रिणाचिकेत इति) त्रिणाचिकेतः उक्तार्थः । त्रयमेतद्विदित्वा । ब्रह्मजज्ञंदेवमीड्यमितिमन्त्रनिर्दिष्टं ब्रह्मस्वरूपं तदात्मकस्वात्मस्वरूपं । त्रिभिरेत्य सन्धिमिति निर्दिष्टाग्नि स्वरूपं च विदित्वा गुरूपदेशेन शास्त्रतोवा य एवं विद्वान् । एतादृशार्थत्रयानुसन्धानपूर्वकं नाचिकेतमग्निं यश्चिनुते । सः मृत्युपाशान् । रागद्वेषादिलक्षणान्

पुरतः शरीरपातात्पूर्वमेवप्रबोध्य तिरस्कृत्य । जीवद्दशायामेवरागादिरहितः सन्नित्यर्थः (शोकातिगोमोदतेः स्वर्गलोके इति) पूर्वमेवव्याख्यातम् ॥

वृत्तिः—यः एतां चितिं ब्रह्मात्मभूतां विदित्वा ब्रह्मात्मकस्यस्वरूपतयाऽनुसन्धायनाचिकेतमग्निं चिनुते । स एव ब्रह्मात्मकस्वात्मानु सन्धानशालीसन् अपुनर्भवहेतुभूतं यद्भगवदुपासनम् । तदनुतिष्ठति । ततश्चाग्नीभगवदात्मकस्वात्मानुसन्धानपूर्वकमेवचयनम् । त्रिभिरेत्यसन्धिं त्रिकर्मकृत्तरतिजन्ममृत्यू इति पूर्वमन्त्रेभगवदुपासनद्वारामोक्षसाधनतया निर्दिष्टत्वात् । नान्यदिति भावः । अयच मंत्रः केषुचित्कोशेषुनदृष्टः । कैश्चिद्व्याकृतश्च । अथापि आचार्यादिभिरेव व्याख्यातत्वात्प्रक्षेपशंका कार्या ॥

त्रिणाचिकेतस् Trinâchiketas. The Tri-Nâchiketa M M He who knows the three Nâchiketa fires (M. त्रिणाचिकेताग्निमनुतिष्ठन्) He who has thrice performed the Nachiketa fire-sacrifice.

त्रयम् trayam (यथोक्तं या इष्टका यावतीर्वा यथा वा M. या इष्टका इत्यादिनोक्तं विष्णुरूपेष्टकादेवता इष्टकासंख्या इष्टकापरिमाणरूपं त्रयं) the three (the bricks, their number, and arrangement. M. the nature of Devatas, their number, and attribute.) R. The three *i.e.* the essential nature of Brahm; the esential nature of one's Self; and the Heavenly Fire.

एतद् etad, this.

विदित्वा viditvâ (अवगम्य) having known (R. through being taught by a Guru or through scriptures.)

यः yah : who.

एवं evam (आत्मरूपेण M. ज्ञातप्रकारेण) thus (by identifying the Fire with the Self) or (by knowing it thus). R. with the above three-fold knowledge of God, Jîva and Fire.

विद्वान् vidvân, the wise.

चिनुते chinute (निर्वर्तयति) accomplishes M.M. piles up.

नाचिकेतं nâchiketam. The Nâchiketa dhyana (or mode of contemplation) (M. who makes the Fire-altar in the shape of a falcon, tortoise &c. with the bricks).

स sa, he.

मृत्युपाशान् mrityu-pâsân (अधर्म-अज्ञान-राग-द्वेषादि लक्षणान् M. यमपाशान्) the death-ropes (or lassoos). M.M. chains of death (in the shape of sin, ignorance, attraction and repulsion).

पुरतः puratah, (अग्रतः, पूर्वमेव शरीरपातात् M. पुरस्थितान्) from before, first, before the falling off of the body or the passions &c.; placed in front (or in the heart).

प्रणोद्य pranodyah, (अपहाय M. प्रणुद्य, निरस्य) thrown off, shaken off.

शोकातिगः sokâtigah (मानसैर्दुःखैर्वर्जितः M. शोकान् अतिक्रान्तः) passed over sorrow M.M. beyond the reach of grief. See verse 12.

मोदते modate (सुखं अनुभवति) rejoices.

स्वर्गलोके svarga-loke (कैलासे, विराड्लोकस्वरूपप्रतिपत्त्या M. हरिलोके) in the Heaven-world (the world of Virâj or Hari).

That wise Three-fold-performer of Nachiketas sacrifice, who having known these three, thus raises the Nachiketas fire, he having thrown off the toils of death, lurking in the heart, sorrow—transcended rejoices in the Heaven-world.

MANTRA 19.

एष तेऽग्निर्नचिकेतः स्वर्ग्यो यमवृणीथा द्वितीयेन वरेण ।
एतमग्निं तवैव प्रवक्ष्यन्ति जनासस्तृतीयं वरं नचिकेतो
वृणीष्व ॥ १९ ॥

अन्वयः—(हे) नचिकेतः ! ते एषः स्वर्ग्यः अग्निः (उपदिष्टः) यं द्वितीयेन वरेण अवृणीथा ॥ जनासः (जनाः) तव एव नाम्ना एतं अग्निं प्रवक्ष्यन्ति नचिकेतः ! तृतीयम् वरं वृणीष्व ॥

वृत्तिः—(एषतेऽग्निर्नचिकेतः स्वर्ग्यः) उपदिष्ट इतिशेषः (यमवृणीथाद्वितीयेनवरेण) स्पष्टोर्थः । किंच (एतमग्निमिति) जनास्तवैवनाम्ना एतमग्निं प्रवक्ष्यन्तीत्यर्थः । (तृतीयमित्यादि) स्पष्टोर्थः ।

एषः eshah, this.

ते te (तुभ्यं) to thee M.M. thy. (M. कथित इति योज्यं) " Has been said "—should be supplied.

अग्निः agnih (वरः) fire (other boon.)

नचिकेतः Nachiketah (हे नचिकेतः) O Nachiketah !

स्वर्ग्यः Svargyah (स्वर्गसाधनं) heavenly, means of reaching svarga.

यम् yam (अग्निं) which (fire.)

अवृणीथाः avriṇîthâh (प्रार्थितवान् असि M. वृतवान् असि) thou didst ask or choose.

द्वितीयेन dvitîyena (M. द्वितीयं) by the second.

वरेण varena (M. वरं) gift, boon.

एतम् etam, this.

अग्निम् agnim, fire.

तव tava, thy (त्वत्संबन्धिनामेव) *i.e.* by thy name alone.

एव eva, only.

प्रवक्ष्यन्ति pravakshyanti (प्रवदिष्यन्ति) will call or M.M. proclaim.

जनासः janâsah (जनाः, आज्जसेरसुक्) people. This is an archaic form of plural.

तृतीयं tṛitîyam, third.

वरं varam, boon.

नचिकेतः nachiketáh, O Nachiketâh.

वृणीष्व vṛiṇîhshva, ask. Choose.

O Nachiketas! to thee this Heavenly Fire has been taught, which thou didst ask by thy second boon. The people will call this Fire by thy name alone. O Nachiketas ask the third boon.

Mantra 20.

येयं प्रेते विचिकित्सा मनुष्येऽस्तीत्येके नायमस्तीति चैके । एतद्विद्यामनुशिष्टस्त्वयाऽहं वराणामेष वरस्तृतीयः ॥ २० ॥

अन्वयः—प्रेते मनुष्ये या इयम् विचिकित्सा एके अस्ति इति, एके च न अयम् अस्ति इति (कथयन्ति); त्वया अनुशिष्टः एतत् विद्याम् (विजानीयाम्); वराणाम् एषः तृतीयः वरः ॥

वृत्तिः—प्रकृतमनुसरामः नचिकेता आह (येयंप्रेत इति) अत्राचराचरग्रहणादित्यधिकरणे इमं मन्त्रं प्रस्तुत्येत्थंहि भगवताभाष्यकृता। अत्रपरमपुरुषार्थ रूपब्रह्मप्राप्तिलक्षण मोक्ष याथात्म्यविज्ञानायतदुपायभूत परमात्मोपासनपरावरात्मतत्वजिज्ञासया अयं प्रश्नः क्रियते। एवं च येयं प्रेत इति न शरीरमात्रवियोगाभिप्रायम्। अपितु सर्वबन्धविनिर्मोक्षाभिप्रायम्।

या yâ (सर्वप्रसिद्धा) that which (well-known)

इयम् iyam, this

प्रेते prete (मृते मनुष्ये; M. मृतपुरुषे मुक्ते च मनुष्ये) *about the dead* M. The wise say that the God rules even the "dead" *i. e.*, the men who have become fully liberated; the unwise say the "liberated" are not under God's control. R. *Going off*, departing, *i. e.*, the falling off of all bondages, *i. e., in the state of Moksha, about the liberated.*

विचिकित्सा vichikitsâ (संशयः M. सन्देहः) doubt. Enquiry.

मनुष्ये manushye, among men (मुक्ते च मनुष्ये) about (the liberated) men. "Man" includes all living beings.

अस्तीति एके asti iti eke. "Is" say one. S. There is an *Atma*, beyond the body, the senses, the Manas and the Buddhi—(above the physical, astral, mental and Buddhic planes). M. Some wise one say that there is a *God* who rules and controls the souls of the dead persons and of those who are liberated.

न अयम् अस्ति इति च एके na ayam asti iti cha eke "and it is not" (say) the others. S. There is no such separate entity as the Atmâ besides the above four. M. That God is not the ruler of souls.

एतद् etad. This (doubt or knowledge) M. (विचिकित्साविषयं, मृत मुक्तजीवयोः प्रेरकस्वरूपं) M. This subject of doubt regarding the director of the dead and liberated souls.

विद्याम् vidyam (विजानीयाम्)—I may know

अनुशिष्टः anusishṭah (ज्ञापितः M. उपदेष्टव्यम्) taught, informed, instructed.

त्वया tvayâ, by thee.

अहं aham, I.

वराणां varanâm, among the boons.

एषः eshah, this (boon, this teaching or instruction about the dead and liberated.)

वरः varah, boon. Madhva's reading is वृतं "chosen."

तृतीयः tritîyah (अवशिष्टः) third.

There is this doubt, when a man dies, some say that the soul exists, others that it does not. May I know this being taught by thee. Among the boons this is the third.

M. Over the dead and the (liberated) men, some say that there is (a God who controls); others say that He is not. (Therefore) this doubt (has arisen in my mind). May I know this being taught by thee: of the boons, this is the third.

R. There is this doubt regarding (the condition of the) man in moksha, some say there is (still an Individual self or form or centre in Moksha) other say it is not. May I learn, being taught by thee, this (true nature of Moksha). Of the boons this is the third.

MANTRA 21.

देवैरत्रापि विचिकित्सितं पुरा न हि सुविज्ञेयमणुरेष धर्म्मः । अन्यं वरं नचिकेतो वृणीष्व मा मोपरोत्सीरति मा सृजैनम् ॥ २१ ॥

अन्वयः—अत्र देवैः अपि पुरा विचिकित्सितं, हि न सुविज्ञेयं, एषः धर्मः अणुः । (हे) नचिकेतः अन्यं वरं वृणीष्व ॥ मा मा उपरोत्सीः । मा (मां) एनं अतिसृज ॥

वृत्ति—एवं मुक्तस्य रूपं पृष्टो मृत्यु रुपदिश्यमानार्थस्य अतिगह नतयापारं प्राप्तुमप्रभवत्ते मव्येपतथाशवेनोपदेष्टव्य-मिति मत्वाह (देवैरत्रापीति) बहुदर्शिभिरपि देवैरस्मि-न्मुक्तात्मनस्य रूपेविचिकित्सितम् । संशयतम् । (नहीति) आत्मतत्वं ननुज्ञानमितिसूक्ष्मोधर्मः । समान्यतो धर्मएवदु-र्ज्ञानः । तत्राप्ययंदुर्ज्ञान इति भावः (अन्यंवरमिति) स्पष्टोऽर्थः (मांमोपरोत्सीरिति) मामा इति निषेधेवीप्सीयां द्विर्वचनम् । उपरोधं माकार्षीः । एवं मामतिसृ जमुञ्च ।

देवैः Devaih. By the Gods (बहुदर्शिभिः) by the sages who look into the far.

अत्र atra (एतस्मिन् वस्तुनि त्वत् कृत प्रश्नविषये) here (with regard to this matter, the subject of thy question). R. मुक्तात्मस्वरूपे Regarding the form of the liberated self or Mukti.

अपि api, also.

विचिकित्सितं vichikitsitam (संशयितं M. संदिग्धम्) doubtful, undecided.

पुरा purâ (पूर्वं) before.

न na, not

हि hi, verily or (यतः) because.

सुज्ञेयम् sujneyam or सुज्ञेयः (सुष्ठु ज्ञेयं श्रुतमपि प्राकृतैर्जनैः सुखेन ज्ञेयः) well-understood or easily understood.

अणुः anuh (सूक्ष्मः M. अव्यक्त स्वभावः) atomic, subtle. unmanifested nature.

एष esha, this (relating to Atmâ)

धर्मः dharmah (M धारकत्वाद् धर्मः = भगवान्) nature, or Lord (because he upholds or is Dhâraka of all, therefore He is called Dharma).

अन्यं anyam (असंदिग्धफलं मेतन्नियामकोपदेशवरात् अन्य) other

वरं varam, boon.

नचिकेतः nachiketas, O Nachiketas

वृणीष्व varnîshva, choose,

मा mâ (मां) me R. The two मा both denote negation in a strong and double form, do not press, *ie.* do not press, do not press.

मा ma, not.

उपरोत्सीः uparotsîh (उपरोधं मा कार्षीः) (do not) press (as the creditor presses the debtor to discharge the promise).

अति ati, an upasarga to be connected with सृज

मा mâ (मां प्रति) to me, not. M.

सृज srija or अति-सृज (विसृज एनं वरं) let go (this boon)

एनम् enam (वरं) this boon. According to Madhva the phrase अति &c. is the reply of Nachiketas. He explains मातिसृजैवं mâtisrijaivam = एवं (उक्त प्रकारेण) thus (in the above mentioned method) मा अतिसृज (अतिसर्जनं परित्यागं मा कार्षीः) do not resile or go back (on thy promise O Death).

About this by the Devas, even of ore there was a doubt; because it is not easy of understanding. This nature is subtle. O Nachiketas! ask another boon, do not press me; let go to me this (boon).

M. This (question) was left undecided even by the gods of old, because it is not of easy comprehension. This God is subtle (of unmanifested nature). O Nachiketas! ask any other boon. Do not press me. Free me from this (pledge of answering thee.)

Mantra 22.

देवैरत्रापि विचिकित्सितं किल त्वञ्च मृत्यो यन्न सुवि-ज्ञेयमात्थ । वक्ता चास्य त्वादृगन्यो न लभ्यो नान्यो वरस्तुल्य एतस्य कश्चित् ॥ २२ ॥

अन्वयः—(नचिकेताः उवाच) । मृत्यो ! अत्र किल निश्चितं पुरा देवैः अपि विचिकित्सितं, यत् त्वं च न सुविज्ञेयम् आत्थ (कथयसि) अस्य (तत्त्वस्य) वक्ता च त्वादृक् (त्वत्सदृशः) अन्यः न लभ्यः, (अतः) एतस्य तुल्यः अन्यः कश्चित् वरः न (अस्ति इति मन्ये) ॥

वृत्तिः- एवमुक्तो नचिकेता आह (देवैरत्रापिविचिकित्सितं किलेति) स्पष्टोऽर्थः (त्वंचेति) त्वंचमृत्योन सुज्ञेयमिति यदात्मस्वरूपमुक्तवान्। (वक्तेति) त्वादृक् त्वादृश इत्यर्थः अन्यत्स्पष्टम्।

देवैः devai*h*, by the Gods

अत्र atra, in this (matter)

अपि api, even

विचिकित्सितं vichikitisitam, doubtful or had doubted

किल kila, verily. (I hear from Thee O Death that Devas had even doubted about it)

त्वं tvam, thou.

च cha, and.

मृत्यो mrityo O Death.

यत् yat (यस्मात्) because

न na, not.

सुज्ञेयं suj*n*eyam, well-understood.

आत्थ âtha (कथयसि S. *M.* वदसि) sayest. S. I hear from thee that Devas even doubted as regards this, and because thou O Death also sayest that the truth about self is not well-understood, therefore I ask it from thee. M. Do not try to resile from thy promise. why? Because, O Death! thou even sayest that Devas doubted it and it is not well understood, therefore &c.)

वक्ता vaktâ, speaker

च cha, and

अस्य asya (अर्थस्य M. अस्मत्प्रश्नविषयस्य) of this or the subject of my question).

त्वादृक् tvâdrik (त्वत् तुल्यः) like Thee.

अन्यः anyah (पण्डितस्तु) another.

न na, not

लभ्यः labhyah (अन्विष्यमाणोऽपि) to be found (even after search among the learned)

न अन्यः na anyah, not any other.

वरः varah, boon.

तुल्यः tulyah (सदृशः) equal, like

एतस्य etasya, of this

कश्चित् kaschit, what so ever

(Náchiketa said) O Death ! abont this certainly of old the Devas even were in doubt and thou also sayest that it is not easy of understanding ; of this truth, a speaker like thee no other can be obtained, therefore, like this there is no other boon.

MANTAR 23.

शतायुषः पुत्रपौत्रान् वृणीष्व बहून् पशून् हस्तिहिरण्यमश्वान् । भूमेर्महदायतनं वृणीष्व स्वयञ्च जीव शरदो यावदिच्छसि ॥ २३ ॥

अन्वयः—(यमः उवाच) शतायुषः पुत्रपौत्रान् वृणीष्व, (तथा) बहून् पशून् हस्ति हिरण्यं अश्वान् भूमेः महत् आयतनं वृणीष्व, स्वयंच (अपि) यावत् शरदः (वर्षाणि जीवितुम्) इच्छसि, तावत् जीव ॥

वृत्तिः—एवं नचिकेतसोक्तो मृत्युर्विषयस्यदुरधिगमतयो मध्येन त्यक्ष्यतीतिनिश्चित्य सत्यपि ग्रहणसामर्थ्ये विषयान्त

रासक्तचेतसे एतादृशंमुक्त्वा तत्त्वं नोपदेशार्हमिति मत्वा मुमुक्षायाः निवृत्त्यर्थं प्रलोभयन्नुवाच । (शतायुष इति) स्पष्टोऽर्थः (भूमेरिति) पृथिव्याः विस्तीर्णमायतनं मण्डलं राज्यं वृणीष्व । अथवा भूमेः संबन्धिमहदायतनं विचित्रशाला प्रासादादियुक्तंगृहं वृणीष्व (स्वयंचेति) यावद्वर्षाणि जीवितुमिच्छसि तावज्जीवेत्यर्थः ।

शतायुषः sátâyushah (शतं वर्षाण्यायूंषि येषां तान् M. शतमायूंषि) centegenarian, or hundred lives or years.

पुत्र-पौत्रान् putra-pautrân, sons and grand-sons.

वृणीष्व vrinishva, choose.

बहून् bahûn, many.

पशून् pasûn, cattle.

हस्ति hasti, elephants.

हिरण्यम् hiranyam, gold. Hasti-hiranyam is a compound Dvandva-ekavad-bhâva.

अश्वान् asvân, horses.

भूमेः bhûmeh (पृथिव्याः) of earth.

महत् mahat (विस्तीर्णं) wide, very broad.

आयतनं âyatanam (आश्रयं M. अतिविस्तीर्णंभूमण्डलं) piece, or abode or portion, or मण्डलं राज्यं circle of empire R. a mighty empire, or a glorious palace.

वृणीष्व vrinishva, choose.

स्वयं svayam, thyself.

च cha, and.

जीव jîva (त्वं जीव धारय शरीरं समग्रं ज्ञियवलतायं) live (thou).

शरदः saradah (वर्षाणि) autumns (or rains).

यावत् yâvat (यावत् कालम् जीवितुम्) as long as.

इच्छसि ichchhasi, thou wishest (to live).

(Yama said) choose sons and grandsons living for a hundred years; many animals, horses, elephants and gold. Choose a wide empire of earth and live thou thyself as many autumns as thou desirest.

MANTRA 24.

एतत्तुल्यं यदि मन्यसे वरं वृणीष्व वित्तं चिरजीविकाञ्च। महाभूमौ नचिकेतस्त्वमेधि कामानान्त्वा कामभाजं करोमि ॥ २४ ॥

अन्वयः—यदि एतत्तुल्यम् वरं मन्यसे वृणीष्व । वित्तं चिरजीविकां च । नचिकेतः ! महाभूमौ त्वं एधि । त्वा कामानाम् कामभाजं करोमि ।

वृत्ति—(एतत्तुल्यमिति) उक्तेन वरेण सदृशमन्यमपि वरं मन्यसे चेत् । तदपि वृणीष्व । प्रभूतं हिरण्यरत्नादिकं चिरंजीवनं चेत्यर्थः । एधि भव । राजेतिशेषः । अस्तेर्लोण्मध्यमपुरुषैकवचनम् । कामानाम् । काम्यमानानामप्सरः प्रभृतिविषयाणाम् । कामभाजं कामः कामना । तां विषयतया भजतीति कामभाक् तम् । काम्यमानाप्सरः प्रभृतीनामपि कामनाविषयं करोमीत्यर्थः ।

एतत् etat (एतेन यथोपदिष्टेन) this (to these as mentioned above).

तुल्यं tulyam (यदुक्तं M. त्वत् प्रार्थित वरतुल्यं) equal to; like (un-to the boon asked by thee, or equal to those mentioned above).

यदि yadi, if.

मन्यसे manyase, thou thinkest.

वरं varam, a boon (any other boon).

वृणीष्व vriníshva. choose (that also).

वित्तं víttam, wealth (प्रभूतं हिरण्यरत्नादि) large quantity of gold, gems &c.

चिरजीविकां च chira-jîvikâm cha (चिरजीवनहेतुं) and the means of living long.

महाभूमौ mahâ-bhûmau (महत्यां भूमौ राजा M. पुण्यभूमौ) (king) in a mighty land M. (born, in a sacred land.

नचिकेतः Nachiketah O Nachiketas !

त्वम् tvam, thou.

एधि edhi (भव or M. वर्धस्व) be (Imperative of अस् to be). Be thou (born or a king) in a big (or) sacred land. Or the word " edhi " may be derived from एध 'to increase' and then, एधि would mean वर्धस्व 'increase'. That is 'be thou prosperous in a sacred land'; another reading according to M. is महाद् भूमौ । Then the meaning would be " Be thou mighty in the land."

कामानां kâmânâm (दिव्यानां मानुषाणां च M. काम्यमानानाम् मध्ये) of desires (divine and human), amongst those who are wished for,

त्वा tvâ (त्वां) thee.

कामभाजं kâma-bhâjam (कामभागिनं, कामार्हं M. कामितभाजं) enjoyer: sharing in desires, worthy of having objects of desire. M. a sharer amongst those who are desired *ie.* One of the "adored" or "desired ones" of earth.

करोमि karomi, I make (for I am One whose will is never frustrated).

If thou thinkest (there is) any other boon like this, choose that also. Choose wealth and long life, O Nachiketa, be thou a king of wide world. I shall make thee an object of desire even to those whom the world desires.

MANTRA 25.

ये ये कामा दुर्लभा मर्त्यलोके सर्वान् कामांश्छन्दतः प्रार्थयस्व । इमा रामाः सरथाः सतूर्या नहीदृशा लम्भनीया मनुष्यैः । आभिर्मत्प्रत्ताभिः परिचारयस्व नचिकेतो मरणं मानुप्राक्षीः ॥ २५ ॥

अन्वयः—ये ये कामाः मर्त्यलोके दुर्लभाः (तान्) सर्वान् कामान् छन्दतः प्रार्थयस्व ॥ इमाः सरथाः सतूर्याः रामाः, ईदृशाः नहि मनुष्यैः लम्भनीयाः ॥ मत्प्रत्ताभिः आभिः परिचारयस्व । नचिकेतः मरणं मा अनुप्राक्षीः or मरणं अनु मा प्राक्षीः ॥

वृत्ति—(येयेकामा इति) छन्दतः यथेष्टमित्यर्थः (इमारामा इति) रथवादित्रसहिताः मया दीयमानाः स्त्रियः, मनुष्याणां दुर्लभा इत्यर्थः। (आभिरिति) आभिः मया दत्ताभिः परिचारिकाभिः पादसंवाहनादिशुश्रूषां कारयेत्यर्थः। मरणमनु मरणात्

मुक्तेः पश्चात्। मुक्तात्मनस्य रूपमिति यावत्। मरण-शब्दस्य देहवियोग सामान्यवाचिनोऽपिप्रकरणवशेन विशेष वाचित्वं न दोषायेति द्रष्टव्यम्।

ये ये ye ye. what what *ie*. what-so-ever.

कामाः kâmâ*h* (प्रार्थिताः) objects of desire or solicitation

दुर्लभाः durlabhâ*h*, difficult of attainment.

मर्त्यलोके martyaloke (M. भूर्लोके, मानुषदेहे वा) in the mortal world, in the Bhûr-loke or in the human body.

सर्वान् sarvân, all (those).

कामान् kâmân, desires (or objects of desire and solicitation).

छन्दतः chhandata*h* (इच्छातः M. स्वेच्छानुसारेण) R. यथेष्टं as desired. according to (thy) measure, R. as wished.

प्रार्थयस्व prârthayasva, ask thou.

इमाः imâ*h*, these (divine apsaras, angelic beings, beautiful, accomplished, dwellers of Death world).

रामाः râmâ*h* (रमयन्ति पुरुषान् M. स्त्रियः) women, lit. delight-givers; charmers. M. M. fair maidens.

सरथाः sa-rathâ*h* (सह रथैर्वर्तन्ते) with chariots.

सतूर्याः sa-tûryâ*h* (वादित्राः M. वीणावल्लकरा इत्यर्थः) M. M. with musical instruments.

न na, not

हि hi, verily

ईदृशाः îdrisâ*h* or ईदृशी îdrisî (एवं विधा M. ईदृशी अप्सरस्) like these,

लम्भनीयाः lambhanîyâh (प्रापणीयाः M. प्राप्याः) M. M. to be obtained ; to be got.

मनुष्यैः manushyaih (मर्त्यैः) by men (or mortals)

आभिः âbhih (M. रथादि उपेताभिः स्त्रीभिः) by these (damsels).

मत् प्रत्ताभिः mat prattâbhih (मया दत्ताभिः परिचारिणीभिः M. मद् दत्ताभिः) by me given.

परिचारयस्व parichârayasva (आत्मानं पादप्रक्षालनादि शुश्रूषां कारय आत्मनः M. परिचर्यस्व, सेव्यो भव) be served by them, cause them to wait on thee (by washing thy feet &c.)

नचिकेतः nachiketah O Nachiketas !

मरणं maranam (मरणसंबद्धं प्रश्नं प्रेतेऽस्ति नास्ति इति काकदन्तपरीक्षारूपं M. मरणवतां मृतस्थभगवन्तं) Death (the question relating to death—the idle curiosity as to whether there is or is not an Atmâ after death. M. About the dead persons and the Lord living in the dead).

मा अनुप्राक्षीः mâ anuprâkshîh (मा एवं प्रष्टुमर्हसि M. नैव पृच्छ) thou shouldst not ask ; M. do not ask. R the word अनु should be construed with मरणं, *ie*, मरणं अनु = मरणात् मुक्तेः पश्चात् "after Death *ie.* the *post-mortem* state." The Death here means Mukti, *ie.* the *post Mukti* condition.

Whatever desires are difficult of attainment in the mortal body, all those desires, fully mayst thou ask. These women with chariots and musical instruments, (may be thine). Like them men verily cannot get. Be thou served by these given by me. O Nachiketas: Do not enquire after death. Or R. Do not enquire about the after-Mukti condition,

MANTRA. 26

श्वोभावा मर्त्यस्य यदन्तकैतत् सर्वेन्द्रियाणां जरयन्ति तेजः। अपि सर्वं जीवितमल्पमेव तवैव वाहास्तव नृत्यगीते ॥ २६ ॥

अन्वयः—(नचिकेताः उवाच) हे अन्तक ! (भोगाः) श्वोभावाः ; मर्त्यस्य सर्वेन्द्रियाणां यत् एतत् तेजः (तत्) जरयन्ति ॥ सर्वं अपि जीवितं अल्पं एव ; तव वाहाः, नृत्यगीते तव एव (तिष्ठन्तु) ॥

वृत्ति—एवं प्रलोभ्यमानोपि नचिकेता अक्षुभितहृदय आह । (श्वोऽभावा इति) हे अन्तक । त्वदुपन्यस्ता ये मर्त्यस्य कामाः ते श्वोभावाः । श्वः अभावो येषां ते तथोक्ताः दिनद्वयस्थायिनो न भवन्तीत्यर्थः । सर्वेन्द्रियाणां यदेतत्तेजः । तत् क्षपयन्ति । अप्सरः प्रभृतिभोगाहि सर्वेन्द्रियैर्दौर्बल्यावहा इति भावः (अपि सर्वं मिति) ब्रह्मणोऽपि जीवितं स्वल्पं किमुत अस्मदादिजीवितम् । अतश्चिरजीविकापि न वरणार्हेति भावः । वाहाः । रथादयः । तिष्ठन्त्विति शेषः ।

श्वः *svah* (भविष्यन्ति न भविष्यन्ति वा इति संदिह्यमान एव येषां भावः M. परेद्युः) to-morrow (whether they will or will not last till to-morrow; things whose existence is so doubtful R. श्वः अभावो येषां "not lasting till to-morrow."

भावाः bhâv*âh* or M. R. अभावाः abhâv*âh* (भवनं M, परेद्युः अभावाः भवन्ति इति भावाः, नभावाः अभावाः, मर्त्यस्य,

अस्थिरताः) lasting. M. R. not-lasting; not-existing, not stable, transitory R. which do not last for two days even.

मर्त्यस्य martyasya (मनुष्यस्य) of the mortal (man).

यत् yat, because (M. ये)=these. (यत् एतत्=ये एते all these)

अन्तक antaka (हे मृत्यो) O Ender ! O Death !

एतत् etat, this (M. एते पुत्रादयः) these sons &c. Singular for Plural.

सर्वेन्द्रियाणां sarvendriyâ*n*âm, of all the senses.

जरयन्ति jarayanti (अपक्षयन्ति M. अपक्षपयन्ति) (they) cause decay. M. M. wear out; exhaust; take away. M. The effort in preserving these objects of enjoyment causes the decay of the vigour of all senses. S. The apsaras &c. and other sensual enjoyments are all evil.

तेजः tajah (M. वीर्यं) M. M. vigour. The heat, the energy, the fire, the vital fluid.

अपि api, also

सर्वं sarvam (यत् ब्रह्मणः) all (even of Brahmâ)

जीवितम् jîvitam (आयुः) life.

अल्पम् alpam, short.

एव eva, even. (as the life of a Brahmâ even has an end, not like those of the Muktas which has no end).

तव tava, thy

एव eva, even (अस्तु or तिष्ठन्तु)

वाहाः vâhâh (रथादयः M. रथादिवाहनानि तवैव सन्तु) chariots,

तव tava. thine

नृत्यगीते or M. नृत्यगीतं Nritya-gîte or nritya-gîtam (नृत्यैर्गीतसहिताः, रम्भादिभिः कृतनाट्यं तवास्तु) dancing and singing (let be).

O End-maker (all these enjoyments) are transitory. They exhaust all this energy of the senses of man. The longest life is indeed short. Thy vehicles, thy dancers and singers remain with thee.

MANTRA 27.

न वित्तेन तर्पणीयो मनुष्यो लप्स्यामहे वित्तमद्राक्ष्म चेत्त्वा। जीविष्यामो यावदीशिष्यसि त्वं वरस्तु मे वरणीयः स एव ॥ २७ ॥

अन्वयः—मनुष्यः वित्तेन न तर्पणीयः । चेत् (यदा) त्वा (त्वां) अद्राक्ष्म वित्तं लप्स्यामहे । जीविष्यामः यावत् त्वम् ईशिष्यसि । तु (किन्तु) सः एव वरः मे वरणीयः ॥

वृत्ति—(नवित्तेनेति) नहि वित्तेन लब्धेन कस्यचित्तृप्तिः दृष्टचरी । नजातु कामः कामानामुपभोगेन शाम्यतीतिन्यायादितिभावः। किंच (लप्स्यामहे वित्तमिति) त्वां वयं दृष्टवन्तश्चेत् । वित्तं प्राप्स्यामहे । त्वं दर्शनमस्तिचेत् । वित्तलाभे को भार इति भावः ॥ तर्हि चिरञ्जीविकाप्रार्थनीयेत्यत्राह (जीविष्यामोयावदिति) यावत्कालंयाम्य पदेत्वमीश्वरतया वर्तिषे । व्यत्ययेन परस्मैपदं तावत्पर्यन्तमस्माकमपि जीवनं

सिद्धमेव। नहि त्वदाज्ञातिलंघनेन अस्मज्जीवितान्तकरः कश्चिदस्ति। वरलाभालाभयोरपि तावदेव जीवनमिति भावः। अतः। श्रेयं प्रेत इति प्राक्प्रस्तुतोवर एव वरणीय इत्यर्थः।

न na, not.

वित्तेन vittena, by wealth.

तर्पणीयः tarpanîyah (M. आप्यायनीयः) Satisfied M. M. made happy.

मनुष्यः manushyah, man.

लप्स्यामहे lapsyâmahe (प्राप्स्यामहे) we shall obtain (if we have the thirst for wealth).

वित्तं vittam, wealth.

अद्राक्ष्म adrâkshma (दृष्टवन्तो वयं) when we have seen.

चेत् chet, if (S. If we have desire of wealth, we shall surely get it, *as* we have seen thee. M. *If* or *when* we have seen thee, then certainly we shall get wealth, for life, wealth &c. are secondary rewards that necessarily follow the sight of a God like Thee–they need not be asked for separately. R. Where is the difficulty in obtaining wealth when we have had the good fortune of seeing Thee, which is more difficult).

त्वा tvâ (त्वाम्) thee.

जीविष्यामः jîvishyâmah, we shall live

यावत् yâvad (याम्ये पदे M. यम यावदायुषः ईशत्वे भविष्यसि तावत् कालं) so long (as on the post of Yama art thou the occupant, M. So long as of my life, thou art the lord, up to that time I shall live : for thou art the lord of life.

ईशिष्यसि isishyasi (ईशिष्यसे, प्रभुः स्याः M: ईश्वरो भविष्यसि) thou wilt rule (thou remainest lord, M. or art God of my life). R. So long as thou holdest the office of Yama. So long as the lordly authority of Yama is vested in thee, there is no one who can take away our life, by disregarding thy command.

त्वं tvam, thou.

वरः varah, boon.

तु tu, only, verily (M. This indicates the supremacy of this boon).

मे me, mine.

वरणीयः varaniyah, to be chosen

स sa, that (प्राक् याचित एव) which I have already asked.

एव eva, indeed. That is, how can a man who has the good fortune of seeing thee or getting thy favor, have short life or wealth.

The man is not satisfied with wealth. When we have seen thee, we shall obtain wealth. We shall live, so long as thou rulest (as Yama). But that indeed is the boon chosen by me.

MANTRA 28.

अजीर्यताममृतानामुपेत्य जीर्यन्मर्त्यः क्वधःस्थः प्रजानन् । अभिध्यायन् वर्णरतिप्रमोदानतिदीर्घे जीविते को रमेत ॥ २८ ॥

अन्वयः—क्वधःस्थः जीर्यन् कः मर्त्यः अजीर्यताम् अमृतानाम् उपेत्य, प्रजानन् (जिहान् सन्) वर्णरति प्रमोदान् अभिध्यायन् अतिदीर्घे जीविते रमेत ॥

वृत्ति—(अजीर्यतामिति) जरामरणशून्यानां मुक्तानां स्वरूपं ज्ञात्वा प्रजानन् । विवेकी जरामरणोपप्लुतोऽयंजनः । तदास्थः । जरामरणाद्युपप्लुताप्सरः प्रभृतिविषयविषयकास्थावान् क्व । कथं भवेदित्यर्थः (अभिध्यायन्निति) वर्णाः आदित्यवर्णत्वादि रूपविशेषाः । रतिप्रमोदाः ब्रह्मभोगादि जनितानन्द विशेषाः । तान् सर्वानभिध्यायन् निपुणतया निरूपयन् । अत्यल्पे हि केजीविते कः प्रीतिमान् स्यादित्यर्थः ।

अजीर्यताम् ajîryatâm (वयोहानिमप्राप्नुवतां M. उपलक्षणं; वयः प्रभृति सम्पत्ति मतां) of not-decaying, those whose life period never shortens: those who are lords of life &c. M. M. free from decay.

अमृतानां amritânâm (M. देवानां R. मुक्तानां = of the Liberated) of the immortals, of the Devas.

उपेत्य upetya (उपगम्य M. प्राप्य R. ज्ञात्वा, the word स्वरूपं should be supplied) having reached (the company.) M. M. having approached. R. Having understood (the nature of the Muktas who are free from death and decay).

जीर्यन् jîryan (जरामरणवान्) decaying.

मर्त्यः martyah, mortal.

क्वधःस्थः kvadhahsthah or M. क्वाधस्थः kvâdhastah (S. कुः = पृथिवी अधश्च अन्तरिक्षादिलोकापेक्षया; तस्यां तिष्ठति इति = क्वधःस्थः ॥ M. क्वाधस्थाने मनुष्यत्व; क्व कुत्र; न कुत्रापि, किन्तु जरामेव अजीर्यन् एव आस्ते इति भावः ॥) S. Earth-lower-staying. A compound of three words कुः = Earth; अधः = low or down *i. e*, lower than the astral and other regions,. स्थः = staying. That is a person who lives on the lower earth; *a denizen of the lower sphere.* Another reading by S. is क्वतदास्थः — "who, given to these (pleasures of having sons.) M. क्व = where, अवस्थः = has been drawn down. Where has the man who has approached the Immortals ever fallen down? Never. He always becomes or remains great and undecaying. R. क्वतदास्थः = *How have faith in these* (apsaras &c. understanding their unstable nature).

प्रजानन् prajânan (उपलभमानः M. हे प्रजानन् विद्वन्), standing, knowing, M. O wise one! R. विवेकी 'the discriminating.'

अभिध्यायन् abhi-dhyâyan (निरूपयन् पश्यन् M. स्मरन्) reflecting over, meditating over M M. pondering on. M. Remembering. Wisely understanding.

वर्ण varna—(गीतिः M. ब्राह्मणादिः देहस्थशोभा विशेषोपा) Colour, Song; M. M. beauty M. Castes like Brahmana &c. or the beauty of the body. R. A particular form like the colour of the Sun: the glorious super-physical form.

रति rati—(क्रीडा M. विषयानुभवजं सुखं) play, love, M. the pleasure derived from sensual gratification. R. Joy produced by enjoying the bliss of the condition of being a Brahmâ: रति-प्रमोदाः is a compound word-meaning the ecstasy of union (with Brahm)."

प्रमोदान् pramodân M. (प्रकृष्टविषयानुभवजं सुखं) pleasures. M. the pleasure derived from the experiencing of higher objective gratification, intellectual pleasures. Or the pleasures of music (varna) and sports (rati).

अति-दीर्घे ati-dîrghe, in a prolonged. R, reads अति-अल्पे in a very short.

जीविते jîvite, living.

को रमेत ka*h* rameta, who delights.

S. Reaching the presence of the undecaying and the undying, and knowing (that higher gifts can be obtained from them than wealth &c.), how a decaying mortal, a denizen of the lower sphere, (can ask lower gifts) ? Who can delight in long life while contemplating (the transitory nature of) the pleasures of beauty and love ?

R. Knowing (the nature of the Muktas who are) free from decay and death, how can the decaying Mortal, who has realised (his own imperfection), put any faith in these (apsaras) constantly meditating over the Radiant-Form, the Bliss-of union, who can find joy even in the longest (earthly) life.

M. O wise (Yama) ! Having (once) approached (the vicinity) of the Undecaying and the Undying where (has ever) a decaying mortal been drawn down ? (Even a long life is not desirable for) remembering (the bye-gone) beauty, pleasures and joys, who can find happiness in a long life ?

Mantra 29.

यस्मिन्निदं विचिकित्सन्ति मृत्यो यत्साम्पराये महति

ब्रूहि नस्तत्। योऽयं वरो गूढमनुप्रविष्टो नान्यन्तस्मान्नचि-
केता वृणीते ॥ २९ ॥

अन्वयः—मृत्यो ! यस्मिन् इदं विचिकित्सन्ति महति साम्पराये यत् अस्ति तत् नः ब्रूहि। यः अयः वरः गूढं अनुप्रविष्टः, तस्मात् अन्यं नचिकेताः न वृणीते ॥

(यस्मिन्निति) महतिपारलौकिके यस्मिन्मुक्तात्म स्वरूपे संशेरते। तदेव मे ब्रूहि (येयमिति) गूढं आत्मतत्व मनुप्रविष्टः येयंवरः। तस्मादन्यं नचिकेता न वृणीतेऽस्म। इति श्रुतेर्वचनम्।

यस्मिन् (प्रेते) इदं (विचिकित्सनं) विचिकित् सन्ति, (हे मृत्यो सांपराये महति यत्, तत् ब्रूहि नः (आत्मन्यं) ॥ योऽयं वरो गूढं अनुप्रविष्टः, तस्मात् वरात्) अन्यत् नचिकेता न वृणीते ॥

यस्मिन् yasmin (प्रेते M. विषये) in which (after death or in which subject), *about which.*

इदं idam (विचिकित्सनं M. मृत्वा प्रेत प्रेरकतया अस्ति न वा) such ; *this,* (doubt : M. whether there is such ruler of dead).

विचिकित्सन्ति vichikitsanti (M. संदिहते जनाः) People make enquiry or *raise doubt.*

मृत्यो mrityo, *O Death* !

यत् yat, what (M. has not this यत् in the text).

साम्पराये sâmparâye (परलोकविषये M. मुक्तौ "निमित्तसप्तमी मोक्षार्थं R. मुक्तात्मस्वरूपे") S. about the next world. M. For the sake of liberation. In the matter of the Hereafter. For the sake of Supreme liberation. R. The great Hereafter (state of the liberated).

महति mahati, (महत् प्रयोजननिमित्ते) in the great, Supreme.

ब्रूहि brûhi (कथय M. उपदिश) Say, teach. .

नः nah (अस्मभ्यम्) to us.

तत् tat, that. M. तत् तु नः = तदेव प्रेतप्रेरकस्वरूपं that- ie. the essential form of the Lord who rules the dead.

यः yah, what, as.

अयम् ayam (प्रकृत आत्म विषयः) this (about the Atmâ).

वरः varah (M. प्रेतप्रेरकस्वरूपोपशिक्षार्थकरूपः) boon.

गूढं gûdham (गहनं दुर्विवेचनं M. गोप्यतमं) occult, deep, secret, hidden.

अनुप्रविष्टः anupravishtah (प्राप्तः) has entered or attained, or is related to.

न na, not.

अन्यं anyam (वरं) any other (boon).

तस्मात् tasmât, than that (boon) ; or therefore.

नचिकेता Nachiketâ, Nachiketas.

वृणीते vrinîte, Chooses.

O Death, as with regards to the Great Hereafter (the condtion of the Muktas), they have raised this doubt, that indeed tell thou to us. As this boon relates to the Hidden, therefore Nachiketas does not choose any other boon.

About which (people) have raised such doubts, that (God) indeed, O Death, reveal thou to us (that we may get) the Supreme Liberation. As (the subject of) this boon has been kept a secret (so long), therefore, no other boon does Nachiketa choose.

अथ प्रथमाध्याये द्वितीया वल्ली ।

MANTRA 1.

अन्यच्छ्रेयोऽन्यदुतैव प्रेयस्ते उभे नानार्थे पुरुषं सिनीतः । तयोः श्रेय आददानस्य साधु भवति हीयतेऽर्थाद्य उ प्रेयो वृणीते ॥ १ ॥

अन्वयः—श्रेयः अन्यत् उत (तथा) प्रेयः अन्यत्, ते उभे नानार्थे पुरुषं सिनीतः (बध्नीतः) ॥ तयोः श्रेयः आददानस्य (गृह्णतः) साधु (शिवं) भवति ॥ यः उ प्रेयः वृणीते (उपादत्ते) अर्थात् (परमार्थात्) हीयते ॥

अन्यत् anyat (पृथगेव) other, different.

श्रेयः sreyah (निः श्रेयसं M. प्रशस्यतमं प्रशस्यानां) M. M. Good. S. Summum Bonum, liberation. M. most praiseworthy, the knowledge of Brahman. R. the Moksha. The Path of Wisdom or Vidyâ.

अन्यत् anyat, different, other.

उत uta (अपि) also.

एव eva, indeed M. इव iva, as if.

प्रेयः preyah (प्रियतरम् M. प्रियतमम् दारापत्यादिकाम्यानां वस्त्वपि अन्यदिव इति न जानतां दारापत्यादिरूपप्रेयसोऽपि बहुभंग्यारा श्रेयस्त्वमेव इति सूचनाय एव शब्दः) M. M. pleasant. M. most pleasing, the desired objects like wife, children &c. are as if another. The man who thus knows the difference between Brahma—jnâna and worldly blessings, for him these worldly things, wife, children &c. become means of liberation, through right understanding. This is the force of "even." One gives future, and the other present happiness. R. The enjoyments. The Path of Avidyâ or Action, leading to endless births and deaths, but not liberation.

ते te (श्रेयः प्रेयसी) these two (the good and the pleasant).

उभे ubhe, both.

नानार्थे nânârthe (nânâ and arthe) (भिन्नप्रयोजने or M. भिन्नप्रयोजनके) different objects.

पुरुषं purusham (अधिकृतं वर्णाश्रमादि विशिष्टं M. देहिनं) a man, a qualified person, having particular caste, stage of life &c. M. the embodied Soul.

सिनीतः sinîtah (बध्नीतः) bind. There are two attachments of the Soul—one towards the Spiritual and the other towards the Temporal.

तयोः tayoh (M. श्रेयः प्रेयसोर्मध्ये) of these two (good and pleasant).

श्रेयः sreyah (M. ब्रह्मविद्यां) the good (the Brahma Vidyâ).

आददानस्य âdadânasya (उपादानं कुर्वतः M. उपासीनस्य) of him who accepts, who worships. M. M. who clings. R. मोक्षाय प्रयतमानस्य who struggles for or endeavours towards Moksha.

साधु sâdhu (शोभनं शिवं M. भद्रं भवमोचनं) well, auspiciousness, M. freedom from rebirth and worldly existence.

भवति bhavati, is or becomes.

हीयते hîyate (वियुज्यते M.' हीनो भवति भवपाशे एव बद्धो भवति) M. M. misses, loses or becomes low, (is bound in the chains of rebirth).

अर्थात् arthât (पुरुषार्थात् पारमार्थिकात् प्रयोजनात् नित्यात् M. परमपुरुषार्थात्) M. M. end ; the supreme object of man, the Eternal.

यः ya*h*, who (short-sighted person).

उ u (एव) indeed.

प्रेयः preya*h*, pleasant (wife, children &c.)

वृणीते vri*n*îte (उपादत्ते) chooses.

Different is the Good and different indeed is the Pleasant; both these towards diverse objects draw down the man. Of these two, for him who accepts the Good, there is freedom; but he who chooses the Pleasant, misses the object.

MANTRA 2.

श्रेयश्च प्रेयश्च मनुष्यमेतस्तौ सम्परीत्य विविनक्ति धीरः । श्रेयो हि धीरोऽभिप्रेयसो वृणीते प्रेयो मन्दो योगक्षेमाद्वृणीते ॥ २ ॥

अन्वयः—श्रेयः च प्रेयः च मनुष्यम् एतः । धीरः एतौ सम्परीत्य विविनक्ति। धीरः प्रेयसः श्रेयः हि अभिवृणीते ॥ मन्दः योगक्षेमात् प्रेयः वृणीते ॥

श्रेयस् sreyas, good.

च cha, and

प्रेयः preya*h*, pleasant

च cha, and

मनुष्यम् manushyam (पुरुषं) man

एतः etah (आ इतः It is a compound verb; the upsarga आ is added to the Present 3rd Pers. Dual इतः from इ " to go ") approach (M. प्राप्य तिष्ठतः or S. प्राप्नुतः) These two stay approaching him. Promiscuously surround.

तौ tau, these two (the Good and the Pleasant, the Brahma Vidyâ and the Kâma objects) Dharma and Adharma.

सम्परीत्य samparîtya (सम्यक्परिगम्य, मनसा आलोच्य M. सम्यक् ज्ञात्वा) fully understanding, reflecting with mind, fully knowing. M. M. going round about; examining.

विविनक्ति vivinakti (पृथक् करोति M. श्रेयो मोचकं, प्रेयोऽबंधकं इति विवेचयति) separates, distinguishes (that the Good causes liberation, and the Pleasant causes bondage).

धीरः dhîrah (धीमान् M. विवेकी R. प्रज्ञाशाली) the wise, the discriminating one. R. धिया रमते=धीरः " who delights in wisdom."

श्रेयः sreyah, the good, the Brahma-vidyâ. The Path of Liberation.

हि hi (एव) only.

धीरः dhîrah, the wise one.

अभि (वृणीते) abhi. An upasarga to be joined to the verb vrinîte. According to M. it governs the noun preyasah and means अपहाय " rejecting,"

प्रेयसः preyasa*h*, (प्रियतमात् दारापत्यादि कामात्) the pleasant.

वृणीते vri*n*îte, chooses.

प्रेयः preya*h* the pleasant.

मन्दः manda*h* (अल्पबुद्धिः M. विवेकहीनः) the dull, the fool, the man of small understanding, devoid of discrimination.

योगक्षेमात् or न् yoga-kshemât or yoga-kshemân M. M. greed and avarice. योगक्षेमनिमित्तं शरीरादि उपचय रक्षणनिमित्तं M. अप्राप्त कामप्राप्तियोगः ; तस्य अनपगंतेन स्थिरत्वं क्षेमः) for *the* sake of *growth* and *preservation* (of body &c.); *acquisition* (of new wealth) and *preservation* of old; the Path of samsara.

वृणीते vrinîte, chooses.

The Good and the Pleasant promiscuously surround the man. The wise fully examining them, distinguishes (them). The wise chooses the Good over the Pleasant. The ordinary man chooses the acquisition-preservation (Path of Action).

MANTRA 3.

स त्वं प्रियान् प्रियरूपाꣳश्च कामानभिध्यायन्नचि-केतोऽत्यस्राक्षीः । नैताꣳ सृङ्कां वित्तमयीमवाप्तो यस्यां मज्जन्ति बहवो मनुष्याः ॥ ३ ॥

अन्वयः—नचिकेतः त्वं प्रियान् प्रियरूपान् च कामान् अभिध्यायन् अत्यस्राक्षीः । एतां वित्तमयीं सृङ्कां न अवाप्तः । यस्यां बहवो मनुष्याः मज्जन्ति ॥

{ स sa, he (merely emphatic, not to be translated).
{ त्वं tvam, thou

प्रियान् priyân (पुत्रादीन् M. दारापत्यादीन्) the pleasures (objects like sons and wives.)

प्रियरूपान् priya rûpân, M. M. are delightful (अप्सरः प्रभृति-लक्षणान् M. गृहारामक्षेत्रादीन्) seeming pleasant (such as apsaras &c. or houses, gardens, &c.) M. M. seem delightful.

च cha, and.

कामान् kâmân (M. काम्यमानान्) desires. M. M. pleasures. M. Objects of desires.

अभि-ध्यायन् abhi-dhyâyan (चिन्तयन् तेषां अनित्यत्व असारत्वादि दोषान् M. अविचारतया सन्मानः) meditating, pondering, thinking over (their transitoriness and worthlessness).

नचिकेतः O Nachiketas !

अत्यस्राक्षीः atya-srâkshî*h* (अतिसृष्टवान् परित्यक्तवान् असि M. त्यक्तवान् असि) hast rejected. M. M. dismissed.
Or

अन्यत्प्राक्षीः anyat-prâkshî*h* (अन्यत्=ब्रह्मस्वरूपं, प्राक्षीः=अप्राक्षीः ॥ पृष्टवान् असि, अ omitted as a Vedic irregularity) thou didst ask the other (about Brahman)

न na, not

एतां etâm, this (worthy of putting on the neck).

सृङ्कां srinkâm (सृतिं कुत्सितां मूढजनप्रवृत्तां M. सृङ्कां शृङ्खलां) road, the neck-lace, the chain.

वित्तमयीं vittamayim (धनप्रायाम् M. सुवर्णमयीं) leading to wealth. M. golden (chain), strong.

अवाप्तः avâpta*h* (स्वीकृतवान्) didst accept. M. M. hast gone.

यस्यां yasyâm, in which (road or chain).

मज्जन्ति majjanti, (सीदन्ति M. आसक्ताः भवन्ति) *sink, fall,* or are attached, perish, go astray.

बहवः bahava*h*, many.

मनुष्याः mannshyâh, men.

O Nachiketas! Thou having pondered over all desires—the pleasing forms, hast renounced (them). Thou didst not accept this Path of Wealth, in which go astray many men.

MANTRA 4.

दूरमेते विपरीते विषूची अविद्या या च विद्येति ज्ञाता । विद्याभीप्सिनं नचिकेतसं मन्ये न त्वा कामा बहवो लोलुपन्त ॥ ४ ॥

अन्वयः—या च अविद्या विद्या इति ज्ञाता, एते दूरं विपरीते विषूची । अहं नचिकेतसं विद्याभीप्सिनं मन्ये । त्वा (त्वां) बहवः कामाः न लोलुपन्त ॥

दूरम् dûram, (दूरेण महतान्तरेण M. अन्योन्यं विदूरतो वर्तमाने) M. M. wide apart; *distant*; separated from one another by a great interval.

एते ete, these two.

विपरीते viparîte, (अन्योन्य व्यावृत्तरूपे M. परस्परं विरुद्धे) opposite M. M. leading to different points.

विषूची vishûchî, (विषूच्यौ, नानागती, भिन्नफले M. विषूचिने विरुद्ध फलहेतू) different directions, different fruits, causing different results: pointing to different directions.

अविद्या avidyâ, (प्रेयोविषया) ignorance (objects of pleasure) R. consisting of actions led by desire.

या yâ, what.

च cha, and.

विद्या इति vidyâ iti, (श्रेयोविषया) Wisdom (leading to emancipation) (M. या अविद्या विद्याभिन्ना वैदिक

सुख साधने न ज्ञाता या च विद्या इति ज्ञाता स्वे दूरं) That which is avidyâ i. e. other than vidyâ, known as a means of attaining temporal pleasures, and that which is vidyâ, these two are far apart.) R. Consisting of Vairagya, Wisdom.

ज्ञाता jnâtâ (निर्ज्ञाता अवगता पण्डितैः) is known (by the wise)

विद्या-अभीप्सिनं or तं vidyâ-abhîpsinam or-tam (विद्यार्थिनं M. विद्याभिकांक्षिणं) Wisdom—desirer. Seeker of knowledge.

नचिकेतसं Nachiketasam, Nachiketa.

मन्ये manye, (जानामि) I think, I believe or know.

न na, not.

त्वा tvâ (त्वां) thee.

कामाः Kâmâh (अप्सरः प्रभृतयः) Desires (like Apsaras &c.)

बहवः bahavah, many.

अलोलुपन्त or लोलुपन्तः alolupanta or lolupantah (न विच्छेदं कृतवन्तः M. लोलुपयन्तः अपेक्षां जनयन्तः न वर्तन्ते) M. M. tear away; M. causing expectation or desire i. e. the various Kâmâs did not produce any desire or expectation or inclination in thee. R. did not attract thee away from the Path of the Good.

These two are distant, opposing and different-pointed: Avidyâ and what is known as Vidyâ. I think Nachiketas to be a seeker of wisdom, (for) the many desires did not distract thee.

MANTRA 5.

अविद्यायामन्तरे वर्त्तमानाः स्वयन्धीराः पण्डितम्-मन्यमानाः । दन्द्रम्यमाणाः परियन्ति मूढा अन्धेनैव नीयमाना यथाऽन्धाः ॥ ५ ॥

अन्वयः—अविद्यायां अन्तरे वर्त्तमानाः, स्वयं धीराः पण्डितम्मन्यमानाः, मूढाः दन्द्रम्यमानाः परियन्ति, यथा अन्धेन एव नीयमानाः अन्धाः ॥

अविद्यायाम् avidyâyâm M. (ब्रह्मविद्येतरस्मिन्) in ignorance (in study of sciences other than that of Brahma) R. In ignorance, in the shape of actions motived by personal desires &c.

अन्तरे antare, (मध्ये घनीभूत इव तमसि) midst (as if of deep darkness.)

वर्त्तमानाः vartamânâh, (वेष्ट्यमानाः M. केवलं तन्मात्रोपासकाः) dwelling, being surrounded, those who worship Tanmãtras alone.

स्वयं svayam, (वयं) themselves.

धीराः dhîrâh. (प्रज्ञावन्तः M. स्वयमेव धीमन्तः) wise (saying 'we alone are wise'). M. M. wise in their own conceit.

पण्डितं panditam, (पण्डिताः शास्त्रकुशलाः M. आत्मानं पण्डितं) learned (versed in scriptures)

मन्यमानाः manyamânâh, (M. मन्यन्तः) considering. M. M. (puffed up with vain knowledge).

दन्द्रम्यमाणाः dandramyamânâh, (अत्यर्थं कुटिलां अनेक रूपांगतिं गच्छन्तः M. भ्रमगतयः) going crooked. M. M. staggering to and fro. Distressed by the sorrows of decay, disease &c. R. Another reading is " dandravyamânâh" constantly running; minds *always swiftly running*, propelled by the fire of kâma.

परियन्ति pari-yanti (परिगच्छन्ति M. परितः स्वर्गनरकादीन् गच्छंति) go round and round (to heaven and hell): wander, go up and down:

मूढाः mûḍhâh (अविवेकिनः M. कामभोगेन मोहिताः) fools, non-discriminating, deluded by the enjoyments of kâma.

अन्धेन andhena, (दृष्टिविहीनेन) by the blind.

एव eva, indeed.

नीयमानाः nîyamânâh, led.

यथा yathâ, as.

अन्धाः andhâh, blind men.

Dwelling in the midst of Ignorance; but thinking themselves wise and learned, the fools wander about hither and thither, as blind men led by the blind.

MANTRA. 6.

न साम्परायः प्रतिभाति बालम्प्रमाद्यन्तं वित्तमोहेन मूढम् । अयं लोको नास्ति पर इति मानी पुनः पुनर्वशमापद्यते मे ॥ ६ ॥

अन्वयः—प्रमाद्यन्तं वित्तमोहेन मूढं, बालं प्रति साम्परायः न भाति । अयं लोकः (अस्ति) परः (लोकः) न अस्ति इति मानी, पुनः पुनः मे (मम) वशं आपद्यते ॥

न na, not.

साम्परायः sâmparâyah, (संपरेयत इति सांपरायः, परलोकः, तत्प्राप्तिप्रयोजनः साधनविशेषः शास्त्रीयः साम्परायः M.

श्रेयस् साधनीभूतो भगवान्) the Here-after ; the Next World, the particular training necessary to reach that. M. God ; the means of liberation. R. The means for the attainment of the Next World. सम्-परा-ईयते = सम्परायः, परलोकः literally complete-supreme-gone : the next world ; the scriptural practice (sâdhan) leading to samparâya, is called Sâmparâya. Or that which is attained (ईयते गम्यते) fully, (sam,) after (para) the falling off of the body is called samparâya, the next world. The means of attaining it is Sâmpâraya. May not Samparâya mean " the complete (sam) merging (iya) into the Supreme (Para);" and Sâmparâya the science that teaches this complete merging.

प्रति-भाति prati-bhâti, (प्रकाशते M. न भाति न तज्ज्ञानविषयो भवति) appears, manifests, (God does not become the object of knowledge.)

बालं bâlam, (अविवेकिनं M. बालसदृशं) the child, or who is like a child (ignorant and non-discriminating)

प्रमाद्यन्तं pramâdyantam (प्रमादं कुर्वन्तं पुत्रपश्वादिप्रयोजनेषु आसक्तमनसं M. प्रमादेरपेतं) acting carelessly ; heedless, whose mind is attached to sons and cattle &c.

वित्तमोहेन vitta-mohena, (वित्तनिमित्तेन अविवेकेन) by the delusion of wealth.

मूढं mûdham, (तमसाऽऽच्छन्नं सन्तं) deluded (surrounded or enwrapped in Tamas)

अयं ayam, (दृश्यमानः स्त्री अन्न-पानादि विशिष्टः M. भूर्लोकः) this (visible consisting of wife, food, drink &c.) M. The physical plane or Bhû-loka.

लोकः lokah, region, world.

न अस्ति na asti, there is no.

परः parah (अदृष्टो लोकः M. आमुष्मिकः) M. M. the other. The invisible world. M. The worlds above the Bhû.

इति iti, thus. R. another reading is उत "also." For him there is neither this loka nor the next.

मानी mânî (मननशीलः M. ऐश्वर्यं स्थिरं इति मानी, अभिमानी) thinking; M. the proud, who thinks the worldly wealth &c. is permanent. R. दुर्मानी = Wrong-thinking, deluded.

पुनः पुनः punah punah (जनित्वा) again and again (by being born).

वशं vasam, (अधीनतां) control, M. M. sway; subordination.

आपद्यते âpadyate, falls.

मे me (मम, मृत्योः M. यमस्य) my,

The way to supreme Liberation does not appear to the child deluded by the illusion of wealth and acting carelessly. For him there is (peace) neither (in) this world nor the next. Such a deluded person falls again and again under my control.

MANTRA. 7.

श्रवणायापि बहुभिर्यो न लभ्यः शृण्वन्तोऽपि बहवो यन्न विद्युः । आश्चर्यो वक्ता कुशलोऽस्य लब्धाऽऽश्चर्यो ज्ञाता कुशलानुशिष्टः ॥ ७ ॥

अन्वयः—यः (भगवान्) बहुभिः श्रवणाय न लभ्यः, शृण्वन्तोऽपि बहवः यम् न विद्युः ॥ कुशलोवक्ता आश्चर्यः ॥ कुशलानुशिष्टः अस्य (वक्तुः) लब्धा (माता, यथावत् ब्रह्मस्वरूपवक्तृभूताचार्यप्राप्तिमान्) ज्ञाता श्रोता च आश्चर्यः ॥

श्रवणाय *S*ravanâya (श्रवणार्थं श्रोतुम् M. श्रवणजन्यज्ञानविषयो न भवति) for the sake of hearing, to hear. M. What does not become object of knowledge produced by hearing. R. many persons have not the good fortune of having heard even of the Supreme or the Supreme-liberation.

अपि api, even.

बहुभिः bahubhi*h*, (अनेकैः) by many.

यः ya*h*, who (the God called here the Sâmparâya or Liberator or Here-after) R. The Supreme Self.

न लभ्यः na labhya*h*. (ज्ञान विषयोन भवति) not to be obtained. M. not become the object of knowledge.

शृण्वन्तः अपि *S*rinvanta*h* M. (शब्दात् तं जानन्तोऽपि) api, even hearing ; knowing only by word.

बहवः bahava*h* (अनेके अन्ये) many (others).

यं yam, whom (the Atman).

न विद्युः na vidyû*h* (न विदन्ति अभागिनः, असंस्कृतात्मानो न विजानीयुः M. न जानन्ति कार्त्स्न्येन or यथावत्वेन) did not know (fully or rightly).

आश्चर्यः âscharya*h* (अद्भुतवदेव अनेकेषु कश्चिदेवभवति M. दुर्लभः) wonderful, (rare among the many), difficult to obtain : rare.

वक्ता vaktâ, the speaker. M. (यथावत्तत्वरूपोपदेष्टा) who

teaches (Him as He really is); teacher, expounder.

कुशलः Kusalah (निपुणः एव अनेकेषु) able, competent (is the person who after hearing of Atman finds it)

अस्य asya (आत्मनः M. वक्तुः) His (of the Atman or M. of the Speaker).

लब्धा labdhâ, finder M. (प्राप्ता).

आश्चर्यः âscharya, wonderful.

ज्ञाता jnâtâ, knower. M. M. he who comprehends.

कुशलानुशिष्टः Kusalâ'-nusishtah (निपुणेन आचार्येण अनुशिष्टः सन् M. यथावदनुशिक्षितः) taught by an able teacher. M. M. taught properly or ably.

MANTRA 8.

न नरेणावरेण प्रोक्त एष सुविज्ञेयो बहुधा चिन्त्यमानः । अनन्यप्रोक्ते गतिरत्र नास्त्यणीयान् ह्यतर्क्यमनुप्रमाणात् ॥ ८ ॥

अन्वयः — एषः अवरेण नरेण प्रोक्तः न सुविज्ञेयः भवति, बहुधा चिन्त्यमानः । अनन्यप्रोक्ते अत्र गतिः न अस्ति । अनुप्रमाणात् अणीयान् अतर्क्यश्च ॥

न na, not.

नरेण narena (मनुष्येण M. अज्ञानि मनुष्येण) by man (M. by an ignorant man)

अवरेण avarena (हीनेन, प्राकृतबुद्धिना R. अश्रेष्ठेन,) by an inferior, by a person of uncultured intellect. R. By a person who studies Vedanta merely to acquire learning, not realisation. अवरः avarah (M. अप्रकृष्टः) not excellent.

प्रोक्तः proktah, taught.

एष esha, (आत्मा) this (self).

सुज्ञेयः or सुविज्ञेयः sujneyah or Suvijneyah (सुष्ठुसम्यग्विज्ञेयः विज्ञातुं शक्यः M. सु=सम्यक् यथावत्तया ज्ञेयः) able to be understood well and completely; M. well understood. M. M. easy to be known.

बहुधा bahudhâ (अनेकधा M. नानाप्रकारेण) in many ways, in diverse modes (such as, whether the self is or is not, is it agent or non-agent, is it pure or non-pure &c. Is it in its aspect of Prakriti, the subordinate, possessed of small attributes, having a natural (un-refined body &c). M. M. often.

चिन्त्यमानः chintyamânah (वादिभिः) thought upon (by the controversialists).

अनन्य—प्रोक्ते ananya-prokte, not another taught (अनन्येन अपृथक्दर्शिना आचार्येण प्रतिपाद्यब्रह्मात्मभूतेन or स्वात्मभूते अनन्यस्मिन् आत्मनि or प्रोच्यमानब्रह्मात्मभूतेन आचार्येण M. अहं ब्रह्मणोऽनन्य इति जानत्, स्वात्मब्रह्मणोभेदमजानत् ऐक्यमेवजानत् अनन्य उच्यते) by a teacher who does not see another, any thing (separate from himself,) who has realised Brahman. M. who knows "I am not other than Brahman," who knows no difference between Brahman and himself, who knows only the unity. S. The non-other or ananya-Self when the Self is taught.

गतिः gatih (अस्ति नास्ति इत्यादिलक्षणा चिन्ता or अवगतिः or संसारगतिः or अगतिः=अनवबोधः, अपरिज्ञानं M.

मार्गं) going. doubts (whether it exists or not &c), or knowledge or transmigration or (if the reading be अवगति) want or failure in understanding. M. knowledge. M. M. way. R. संक्रमणं constant coming and going.

अत्र atra (अस्मिन् आत्मनि M. ब्रह्मविषये) here (in the Self or Brahman). R. संसारे here (in this sansâra).

न अस्ति na asti is not.

अणीयान् anîyân, smaller (अतिसूक्ष्मं)

हि hi verily, because.

अतर्क्यम् atarkyam (स्वबुद्ध्याऽभ्यूहेन केवलेन तर्केण M. अनुमानागोचरम्) not conceived by reason ; not to be argued upon, not subject of inference, by arguing with untaught reason only; by reason not illumined by guru. M. M. inconceivable.

अणु-प्रमाणात् anu-pramânât (M. (अणुपरिमाणतः अणीयान्) than the measure of an atom.

It is not understood when taught by an inferior man ; because It has been diversely thought of. When taught by a non-Teacher there is then no going into It. Because it is subtler than the measure of an atom, and not to be argued.

It is not understood well when taught by a person of Lower (Intellect), for It has been diversely discussed (by such scholars without coming to any satisfactory conclusion). When taught by a non-spiritual Teacher, there is no going into (undersdtanig) It. Because It is subtler than the measure of an atom, and not to be argued.

The sentence ananya prokte gatih atra nasti, has been the subject of different explanations. Shankara gives the following four explanations.

1. Ananya—one who does not see another, who sees all as one, an Advaiti. Gatih = doubt. "When taught by an Advaiti, there is left no doubt about It."

2. Ananya—not—another, not different from Brahm, the atma being the same as Brahm. Gatih—knowledge or object of knowledge. "When taught as non-different from Brahm, then there remains no other object of knowledge here"—for that is the highest state of knowledge when the unity of the self is realised.

3. Or gatih may mean Sâmsara gatih, going the round of transmigration. "When the non-otherness is taught then there is no coming back here."

4. Or the word might be agatih "want of penetration or comprehension." "When taught (by a teacher who has realised) the non-otherness, then there is no want of comprehension here." For such a teacher does not merely teach by words, but opens the interior faculty of the hearer, by which he is made capable of understanding the non-duality.

According to Madhva School, this verse means: When taught by a learned but not a (jnânî) person, it is inferior teaching, because it has been diversely discussed and is not easy of understanding. But when taught by a non-difference-seer (an Advaiti), there is no knowledge at all (not even of an inferior kind) about it. It is subtler than the measure of an atom (and therefore is not subject of perception); It is not to be understood by reasoning (and therefore not subject of inference.)

The word "anya" should be taken in this verse in the same sense, as in the next verse. There Shankara explains आगम to mean a Teacher versed in scriptures (agamas) not merely a scholar and a sophist, but a student of sacred science. Ananya अनागम therefore would mean, a person other than such a Teacher; a mere learned man, a non-spiritual teacher. Madhva is consistent in both verses—in verse 9 he takes anya to mean "another"—i. e. one who knows himself other than or separate from Brahm. In verse 8 therefore "ananya" means one who identifies himself with Brahm.

The Ramanuja School explanation is "The understanding (ava-gatih) which a person gets about the Atma, when taught by a person who has *realised* Brahm and Atma, is impossible to be attained when taught by a person of lower capacity. Or, when taught by a person who has realised Brahm and Atma, then there is no wandering gatih) in Samsara. Or ananya may mean not other *i.e.* one's own self *i.e.* when one tries to learn it by his own effort, he cannot enter into It. Or *ananya* may refer to *avara* of the first line; when taught by a lower mind there is no understanding of It."

MANTRA 9.

नैषा तर्केण मतिरापनेया प्रोक्तान्येनैव सुज्ञानाय प्रेष्ठ । यान्त्वमापः सत्यधृतिर्बतासि त्वादृङ्नो भूयान्नचिकेतः प्रष्टा ॥ ९ ॥

अन्वयः—यां त्वं आपः, एषा मतिः तर्केण नापनेया । अन्येन एव प्रोक्ता सुज्ञानाय (भवति) बत (अनुकम्पायाम्) सत्यधृतिः असि त्वादृक् प्रष्टा नः भूयात् ॥

न na, not.

एषा eshâ (M. ब्रह्मगोचरामतिः) this (understanding of Brahman.)

तर्केण tarkena स्वबुद्धि—अभ्यूहमात्रेण, by argument (evolved out of one's own brain, untaught by a spiritual teacher)

मतिः matih M. M. doctrine, belief.

आपनेया âpaneyâ (प्रापणीया or अपनेतव्या, हातव्या, प्रापणीया M. आ अपनेया इति पदच्छेदः । आनेया अपनेया) to be obtained, to be destroyed, to be fetched.

प्रोक्ता proktâ, declared, taught.

अन्येन anyena, by another (S. आगम-अभिज्ञेन आचार्येण, M. ब्रह्मणोऽन्योऽहं इति ज्ञानवता प्रोक्ता मतिः सदुपदेशरूपायुक्ता)

by a person who knows "I am other than Brahman"; the understanding obtained by being taught by such a person). S. By a teacher who knows the Scriptures.

एव eva, verily, even.

सुज्ञानाय Su-jnânâya (M. सम्यक्ज्ञानायभवति) full understanding or easy to understand, to realise.

प्रेष्ठ preshtha (हे प्रियतम) O dearest.

यां yâm (मतिं) which (doctrine or belief)

त्वं tvam, thou.

आपः âpah (प्राप्तवानसि) hast obtained.

सत्य-धृतिः satya-dhritih (अवितथविषया धृतिः यस्य सः त्वं M. अचाल्यधैर्यवानसि) M. M. true resolve, fixed in truth, M. whose patience is never shaken.

बत bata, oh! (आश्चर्ये) an exclamation of wonder pity.

असि asi, thou art.

त्वा-दृक् tvâ drik (त्वत् तुल्य) like thee.

नो भूयात् no bhûyât (नः=अस्माकं, भूयात्=भवतात्, भवतु) M. न भवेत् or न स्यात्) for us may be. M. there will not be.

नचिकेतः Nachiketah, O Nachiketas!

प्रष्टा prashtâ (पृच्छकः) questioner. M. M. inquirer.

This mental attitude, which thou hast got, should not be destroyed by argument. When taught by the Other (Guru) indeed the Self becomes easily understood, O dearest! Strong is thy resolution. May we have inquirers like thee, O Nachiketas!

MANTRA. 10.

जानाम्यहꣳ शेवधिरित्यनित्यं न ह्यध्रुवैः प्राप्यते हि ध्रुवन्तत् । ततो मया नाचिकेतश्चितोऽग्निरनित्यैर्द्रव्यैः प्राप्तवानस्मि नित्यम् ॥ १० ॥

अन्वयः—शेवधिः अनित्यं इति अहं जानामि हि अध्रुवैः तद्ध्रुवं न प्राप्यते ततः मया अनित्यैः द्रव्यैः नाचिकेतः अग्निः चितः नित्यं प्राप्तवान् अस्मि ॥

जानामि अहं jânâmi aham, I know.

शेवधिः इति sevadhi*h* iti (निधिः) a treasure.

अनित्यं anityam (M. अः=ब्रह्म; अकारवाच्यं च तत् नित्यं च इति अनित्यं) transient. M. the Eternal—Brahman (अ=Brahman). The Brahman known by the letter A is eternal, and is like a treasure.

न हि na hi, not verily.

अध्रुवैः adhruvai*h* (अनित्यैः M. न विद्यते ध्रुवं ब्रह्म येषां तैः; ब्रह्मज्ञानशून्यादिदीनैः) by the transient or non-permanent. M. by (those who have) not the (knowledge of the) eternal (Brahman).

प्राप्यते prâpyate, is obtained.

हि hi, because (यतः यतः)

ध्रुवं dhruvam (नित्यं M. शाश्वतंब्रह्म) the eternal, M. the Ancient Brahman.

तत् tat, that.

ततः tata*h*, therefore (तस्मात् कारणात्)

मया mayâ, by me.

नाचिकेतः nâchiketa*h*, the Nachiketa Fire or M. O! Nachiketas.

चितः chita*h*, has been laid.

अग्निः agnih Fire.,

अनित्यैः anityaih (पश्वादिभिः स्वर्गसुखसाधनभूतोऽग्निर्निर्वर्तितः M. or अनित्यद्रव्यैः M. अः ब्रह्म नित्यं यदायेषां विषयतयास्ति or अकारवाच्यं ब्रह्मस्वनित्यंवस्तु विषयतयायेषामस्ति; तैः) by the not eternal M. by those who have Brahman (अ) always (नित्यं) as an object of meditation, or those who meditate on A as eternal Brahman.

द्रव्यैः dravyaih (पश्वादिभिः M. द्रव्याणि च मनःप्रभृतीनि तैः) things (like cattle &c.) ; M. substances or faculties (like Manas &c. as enumerated in logic).

प्राप्तवान् अस्मि prâptavân asmi, I have obtained.

नित्यं nityam (याम्यं स्थानं स्वर्गाख्यं नित्यं आपेक्षिकं M. शाश्वतं ब्रह्म) eternal (the status of Yama in the Heaven world, which is comparatively eternal). M. or the eternal Brahman.

I know that the Eternal Brahman is a "Treasure"; and that the Permanent is not obtained by (those who have) no (devotion to that) Permanent. Therefore O Nachiketah ! I even have performed the Agnihotra, (in order to learn devotion). And with faculties (mind, senses &c) fixed on the Eternal Brahman, I have obtained the Eternal.

MANTRA. 11.

कामस्याप्तिञ्जगतः प्रतिष्ठां क्रतोरनन्त्यमभयस्य पारम् ।
स्तोम महदुरुगायम्प्रतिष्ठान्दृष्ट्वा धृत्या धीरो नचिकेतो-
ऽत्यस्राक्षीः ॥ ११ ॥

अन्वयः—नचिकेतः धीरः (त्वं कामस्य आप्तिं जगतः प्रतिष्ठां क्रतो

(पश्यन्) आनन्त्यम् अभयस्यपारं स्तोम महत् उरुगायं प्रतिष्ठां दृष्ट्वा धृत्या अत्यस्राक्षीः ॥

कामस्य kâmasya (विषयादेः) of Desire.

आप्तिं âptim (समाप्तिं M. प्राप्तिं) fulfilment, attainment.

जगतः jagatah, of the world.

प्रतिष्ठाम् pratishthâm (आश्रयं M. प्रतिष्ठापकं) the refuge, the founder, the foundation.

क्रतोः kratoh (फलं हैरण्यगर्भपदं M. भगवदीयकर्मणः or भगवदीयज्ञानस्य) of good deeds (the reward like the states of being a Hiranyagarbha or the First Logos). M. of the works or knowledge (relating to God)

आनन्त्यं anantyam (आनन्त्यं M. आनन्त्यहेतुं, अक्षय्यफलदं) the endless, (M. giving) unexhausting (fruit).

अभयस्य abhayasya, of no fear.

पारं pâram (परां निष्ठां M. तीरं अभयदं) the shore (where there is no fear).

स्तोम Stoma (स्तुत्यं M. स्तोमाः स्तोमसाधनभूतामन्त्राः) praise M. the Mantras or hymns of praise.

महत् mahat (अणिमादि ऐश्वर्यादि अनेकगुणसंहतं स्तोमं च तत् महत् च निरतिशयत्वात् M. महान्तं। स्तोमैः साकल्येन प्रतिपादयितुं अशक्यं) great. The Praised One possessed of many attributes like yogic powers of animâ &c. and Lordship &c. That Mighty Praised one. M. That Mighty which cannot be demonstrated by all the Praise-songs of the Vedas.

उरुगायं urugâyam (विस्तीर्णां गतिं M. उरुभिः ब्रह्मादिभिः मुमुक्षुभिः वा गीयते इति उरुगायं) the spacious way

(M. That which leading to Hiranyagarbha) is *sung* by the great ones (like Brahmâ &c.)

प्रतिष्ठां pratishthâm (स्थितिं, आत्मनोऽनुत्तमामपि M. मुक्ताश्रयं) the foundation, the rest. M. the refuge of the liberated.

दृष्ट्वा drishtvâ M. (ज्ञात्वा) having seen, or known.

धृत्या dhrityâ (धैर्येण मनोदार्ढ्येन) with firmness of mind M. M. with firm resolve.

धीरः dhîrah (धीमान्) the wise.

नचिकेतः O Nâchiketas.

अत्यस्राक्षीः atyasrakshih (अतिसृष्टवानसि) rejected (M. अत्यन्तं त्यक्तवानसि) thou hast thoroughly renounced.

O Nachiketas ! thou art wise ; for with firm resolve thou hast renounced the attainment of desires, having seen (the Brahman who is) the Foundation of the world, the Giver of endless rewards of good deeds, the Shore where there is no fear, the Mighty one praised by hymns, chanted by the Great Ones, the Refuge of all.

MANTRA. 12.

तन्दुर्दर्शङ्गूढमनुप्रविष्टं गुहाहितङ्गह्वरेष्ठम्पुराणम् ।
अध्यात्मयोगाधिगमेन देवं मत्वा धीरो हर्षशोकौ
जहाति ॥ १२ ॥

अन्वयः—धीरः दुर्दर्शं गूढं अनुप्रविष्टं गुहाहितं गह्वरेष्ठं तं पुराणं देवं अध्यात्मयोगाधिगमेन मत्वा हर्षशोकौ जहाति ॥

तं tam, That.

दुर्दर्शं durdarsam (दुःखेन दर्शनमस्य, अतिसूक्ष्मत्वात् M.

अतिप्रयत्नेनज्ञेयं) difficult to be seen. M. known with great exertion.

गूढम् अनुप्रविष्टं Gûdham anupravishtam (गहनं अनुप्रविष्टं प्राकृतविषयविकारविज्ञानैः प्रच्छन्नम् M. गूढं=अनभिव्यक्तं; अनुप्रविष्टं=प्रेरकतया सर्वजगदंतः प्रविष्टं) who has entered into the dark; M. who is unmanifest and pervades (the whole universe). See I. 29.

गुहाहितं guhâhitam (गुहायां बुद्धौ स्थितं तत्र उपलभ्यमानत्वात् M. सर्वप्राणिहृदयगुहायां हितं संस्थितं, M. M. hidden in the cave; placed in Buddhi, remaining in the hearts.

गह्वरेष्ठं gahvareshtham (गह्वरे विषमे अनेकानर्थसंकटे तिष्ठति M. मुक्तजीवेष्वपि स्थितं ॥ संसर्गगम्यत्वात् मुक्तो गह्वरो येषः) M. M. who dwells in the abyss; who stays in great difficulties and dangers; M. who dwells in the Mukta-jivas.

पुराणं purânam (पुराणं) the ancient.

अध्यात्म-योगाधिगमेन adhyâtma-yogâdhigamena (विषयेभ्यः प्रतिसंहृत्य चेतस आत्मनि समाधानम्=अध्यात्म योगः, तस्य अधिगमः M. ध्यानयोगेनज्ञातोऽधिगमः, तेन) by the understanding obtained from Adhyâtma-Yoga or withdrawing the mind from all objects, and fixing it in the self: M. by the knowledge obtained by Dhyâna-yoga or the yoga of meditation. M. M. by means of meditation on the self. Or अध्यात्म—योग=निदिध्यासनं

देवं devam (आत्मानं M. क्रीडादिगुणविशिष्टं) the God (the Âtman)

मत्वा matvâ (ज्ञात्वा साक्षात्कृत्वा) having thought over or known or realised

धीरः dhîrah (बुद्धिमान्) the wise (having the qualifications of sravana, manana &c.)

हर्ष-शोकौ harsha-sokau, joy and sorrow ; joy at the attainment of objects of desire, sorrow at their non-attainment : being fully satisfied with the bliss of divine knowledge.

जहाति jahâti, leaves behind.

The wise leaves behind joy and sorrow, having known the God by the yoga of concentration of self,—Him who is difficult to be seen, who pervades the universe, who is in the heart of all, who dwells in the Muktas, the Ancient of Days.

MANTRA. 13.

एतच्छ्रुत्वा सम्परिगृह्य मर्त्यः प्रवृह्य धर्म्यमणुमेतमाप्य ।
स मोदते मोदनीयꣳ हि लब्ध्वा विवृतꣳ सद्म नचिकेत-
सम्मन्ये ॥ १३ ॥

अन्वयः—(यः) मर्त्यः एतत् श्रुत्वा संपरिगृह्य धर्म्यं प्रवृह्य एतं अणुं आप्य (विद्वान् सः मर्त्यः) हि मोदनीयं हि लब्ध्वा मोदते । नचिकेतसं (प्रति) सद्म विवृतं मन्ये ॥

एतद् etad (आत्मतत्त्वं मदर्थवचनानि M. ब्रह्म) this (doctrine of Self or Brahman)

श्रुत्वा srûtvâ (मद्गुरुमुखः श्रुत्वा) having heard.

संपरिगृह्य sam-pari-grihyah (आचार्यप्रसादात् सम्यगात्मभावेन परिगृह्योपादाय M. सम्यक्कृत्वात्मा जीवादभेदेन शुक्लधीर्वैशिष्ट्य-ज्ञात्वा आस्थे) fully embraced it, or known it.

Having known It as separate from Jiva, and dwelling in the Mukta jiva.

मर्त्यः martya*h* (मरणधर्मा) mortal.

प्रवृह्य pravrihya (उद्यम्य, पृथक्कृत्य शरीरादेः M. जीवात् पृथक् कृत्य) having separated or known by discrimination. M. having separated it from the various sheaths and from the various jivas as being distinct from them.

धर्म्यम् or M. धर्मम् dharmyam or M. dharmam (धर्माद् अनपेतं धर्म्यं M. जगद् धारकं) Being M. the upholder (of worlds)

अणुं a*n*um (सूक्ष्मं) subtle.

एतम् etam (आत्मानं) this (Atman) or M. एतं (भगवंतं)= God.

आप्य âpya (प्राप्य) having reached.

स sa, he.

मोदते modate, rejoices.

मोदनीयं modanîyam (हर्षणीयं आत्मानं) what causes rejoicing *i. e.* the Self or God.

हि hi, because.

लब्ध्वा labdhvâ having obtained.

विवृतं vivritam (अपावृतद्वारं, अभिमुखीभूतं M. प्रकटितं) open.

सद्म sadma (ब्रह्मसद्म भवनं M. वैकुंठद्वारं) the house of Brahman, M. the door of Vaikuntha Heaven.

नचिकेतसं nachiketasam, for Nachiketas.

मन्ये manye (जानामि) I know.

Having heard this (teaching of Brahma), and fully comprehending it, the mortal, who separates (It from the Jîvas) reaches this Subtle Upholder, and rejoices because he has found the Source of all joy. I think that for Nachiketas the abode *of Brahma* is open.

MANTRA. 14.

अन्यत्र धर्मादन्यत्राधर्मादन्यत्रास्मात्कृताकृतात् । अन्यत्र भूताच्च भव्याच्च यत्तत्पश्यसि तद्वद ॥ १४ ॥

अन्वयः—यत् तत् धर्मात् अन्यत्र अधर्मात् अन्यत्र, अस्मात् कृताकृतात् अन्यत्र भूतात् च भव्यात् च अन्यत्र पश्यसि तद्वद ॥

अन्यत्र anyatra धर्मात् dharmât (शास्त्रीयात् धर्मानुष्ठानात् तत्फलात् तत् कारकेभ्यश्च पृथग्भूतं M. धर्मं अधर्मेहीनं) other than Dharma (the performance of scriptural duties, their fruits and their agents) R. End

अन्यत्र अधर्मात् anyatra adharmât, other than non-dharma. R. Means.

अन्यत्र अस्मात् anyatra asmât (प्रमितात्) other than this (manifest)

कृताकृतात् kritâkritât (कृतं=कार्यं, अकृतं=कारणं M. कार्यकारणात्) effect and cause.

अन्यत्र भूतात् anyatra bhûtât (अतिक्रान्तात् कालात्, M. अतीतात्) other than the Past.

च cha and.

भव्यात् च bhavyat cha (भविष्यतश्च तथा वर्तमानात् M. आगामिनश्च) than the future and (the present)

यत् yat (ईदृशं वस्तु सर्वव्यवहारगोचरातीतं) what (thing which transcends all experience.)

तत् tat that.

पश्यसि pasyasi (जानासि) thou seest or knowest.

तत् tat that.

वद vada (ब्रूहि) say thou (to me).

Different from Dharma, different from Adharma, different from this *chain* of cause and effect, other than past, future, and (present time), that which thou seest, that say thou.

MANTRA. 15.

**सर्व्वे वेदा यत्पदमामनन्ति तपांꣳसि सर्व्वाणि च यद्व-
दन्ति । यदिच्छन्तो ब्रह्मचर्य्यञ्चरन्ति तत्ते पदꣳ संग्रहेण
ब्रवीम्योमित्येतत् ॥ १५ ॥**

अन्वयः—सर्वे वेदाः यत्पदं आमनन्ति सर्वाणि तपांसि च यद्वदन्ति यद् इच्छन्तः ब्रह्मचर्यं चरन्ति तत्पदं ते संग्रहेण ओम् इत्येतत् ब्रवीमि ॥

सर्वे sarve, all.

वेदाः vedâ*h*, The Vedas.

यत् yat, what (M. यस्य) whose.

पदं padam (पदनीयं, गमनीयं M. स्वरूपं) word (place, goal) M. nature or real form.

आमनन्ति âmananti (अविभागेन प्रतिपादयन्ति M. मुख्यतया बोधयन्ति) uniformly declare or demonstrate or express principally M. M. record.

तपांसि tapâmsi (M. यत्प्राप्त्यर्थानि सर्वाणि तपांसि वेदाः वदन्ति) penances or sacrifices or for attaining which penances are taught.

सर्वाणि sarvâ*n*i, all.

च cha, and.

यत् yat, what.

वदन्ति vadanti, they say.

यत् yat, what or whose.

इच्छन्तः ichchhanta*h* (M. यत् प्रीतिं इच्छन्तः महान्तः)

desiring. M. The great ones desiring Whose satisfaction or wishing to please Whom.

ब्रह्मचर्यं Brahmacharyam (गुरुकुलवासलक्षणं M. ब्रह्मणोऽवगमसाधकं ऊर्ध्वरेतस्त्वादिव्रतं वा) the life of a religious student living in the house of his preceptor M. the hearing, meditating etc. in order to realise Brahman ; or the vow of celibacy.

चरन्ति charanti (M. अनुतिष्ठन्ति) perform

तत् tat (पदं) that (word ro goal)

ते te (तुभ्यं) to thee

पदं padam, the word, the state

संग्रहेण sangrahena (संक्षेपतः M. संक्षेपेण) concisely, briefly.

ब्रवीमि bravîmi, I tell

ओं Om (ओं शब्दवाच्यं ओं शब्दप्रतीकं च M. अंगीकारार्थ ओंकारः) It is either the sound or the thing signified by it. M. Om I swear or solemnly promise to tellt his to thee.

इति iti

एतत् etat, this

The Goal or the Word which all the Vedas declare, and for Whose sake they lay down austerities, desiring Whom *the great ones* perform Brahmacharya, that Goal or the Word I will briefly tell thee, it is Om. (M. That Goal I shall *verily* tell thee : be sure of it).

MANTRA. 16.

एतद्ध्येवाक्षरम्ब्रह्म एतदेवाक्षरम्परम् । एतद्ध्येवाक्षरं
ज्ञात्वा यो यदिच्छति तस्य तत् ॥ १६ ॥

अन्वयः---एतत् हि एव अक्षरं ब्रह्म (अपरं) एतत् हि एव अक्षरं परं (ब्रह्म) एतत् हि अक्षरं ज्ञात्वा यः (परं अपरं वा) इच्छति तस्य तत् (भवति= सिद्ध्यति) ॥

एतत् etat M. (त्वया पृष्टं) this (which thou hast asked.)

हि hi, verily (हि इदम् अतः स्तुत्यर्थं) or M. (हि शब्दो उभयब्रह्माभिन्नत्व द्योतकौ)

एव eva, even (qualifying ब्रह्म i. e. ब्रह्मैव)

अक्षरं aksharam (M. अविनाशि) syllable M. Indestructible M. M. Imperishable.

ब्रह्म Brahma, Brahman (Inferior Brahman)

एतत् हि एव etat hi eva, for this even.

अक्षरं aksharam (M. परमात्मन् वाचकं) syllable or Indestructible.

परं param, the supreme, highest

एतद्धि एव अक्षरं etat hi eva aksharam, this verily even Imperishable.

ज्ञात्वा jnâtvâ (उपास्यब्रह्मेति M. योऽधिकारी ज्ञात्वा) having known.

यः yah (अधिकारी) who

यत् yat (परमपरं M. इष्टं) whatever (higher or lower)

इच्छति ichchhati, (कामयते) desires

तस्य tasya for him

तत् tat, that (takes place or is obtained).

This Indestruclible *is* verily Brahma (as manifested). This Indestructible Om *is* the Highest, (Unmanifest Brahm also) having known this Indestructible One, whatever any one desires that he has.

MANTRA 17.

एतदालम्बनꣳ श्रेष्ठमेतदालम्बनम्परम् । एतदालम्बनं ज्ञात्वा ब्रह्मलोके महीयते ॥ १७ ॥

अन्वयः—एतत् आलम्बनं श्रेष्ठं, एतत् आलम्बनं परं (अपरं च) एतत् आलम्बनं ज्ञात्वा ब्रह्मलोके (परस्मिन् अपरस्मिन्) महीयते ॥

एतत् etat (ब्रह्मप्राप्तिः M. त्वयापृष्टं) this (attainment of Brahman or this question asked by thee.)

आलम्बनं âlambanam (M. आश्रयं) support, refuge.

श्रेष्ठं Sreshtham (प्रशस्यतमं, M. सर्वेषां मुख्याश्रयं) best, most praise-worthy, the principal (goal of all).

एतत् आलम्बनं etat âlambanam, this support.

परं param (अपरं च परापर ब्रह्मविषयत्वात् M. परमालम्बन=विलक्षणाश्रयं) highest

एतत् आलम्बनं ज्ञात्वा etat âlambanam jnâtvâ, having known this support.

ब्रह्मलोके महीयते Brahma-loke mahîyate (परस्मिन् ब्रह्मणि अपरस्मिन् च ब्रह्मभूतो ब्रह्मवत् उपास्यः भवति M. भगवत् लोके पूज्यते) M. M. is magnified in the world of Brahmâ. Becomes Brahman, merged in the Higher Brahman, or is worshipped as a Brahmâ if merged in the lower Brahman. M. Is respected or honored in the world of the Lord. Or ब्रह्मैवलोकः=ब्रह्मलोकः, तस्मिन् महीयते पूज्यो भवति Brahma-loka means Brahman itself as the world. Is honored in Brahman.

This refuge *is* the best, this refuge *is* the highest, having known this refuge, he is hailed as "O great One," in Brahma-loka.

MANTRA 18.

न जायते म्रियते वा विपश्चिन्नायं कुतश्चिन्न बभूव कश्चित् । अजो नित्यः शाश्वतोऽयम्पुराणो न हन्यते हन्यमाने शरीरे ॥ १८ ॥

अन्वयः—अयं विपश्चित् न जायते म्रियते वा कुतश्चित् न बभूव कश्चित् न बभूव । अयं अजः नित्यः शाश्वतः पुराणः हन्यमाने शरीरे न हन्यते ॥

न na, not.

जायते jâyate (उत्पद्यते) is born.

म्रियते mriyate, dies.

वा vâ, or.

विपश्चित् vipaschit (मेधावी M. ज्ञानी) the wise, the knowing.

न na, not.

अयं ayam (आत्मा M. भगवान्) this (Atma) or Lord.

कुतश्चित् kutaschit (नायमात्मा कुतश्चित् कारणान्तराद् बभूव M. अयं भगवान् कुतश्चिदपि न जायते) from any where (this self does not come out from any other cause) or this Lord is not born from any where, nor does it die, as the Lord is without birth and death, so those who know the Lord, transcend birth and death.

न बभूव कश्चित् na babhûva kaschit (स्वस्मात् च आत्मनः न बभूव कश्चित् अर्थान्तरभूतः M. स्वरूपतो जन्माद्यभावात् च न उक्तरूपजन्मसृती ज्ञानिनः इति भावेन हेतोर्विहितिरासायवद् साधयितुं स्वरूपेण जननबंधवेलायामपि नास्ति किंचनजुष्टी इति आह "न बभूव &c.") nothing sprang from it. From the Self nothing different from it came into existence. M. Essentially there is no birth and death, the wise have no such birth and death : but even while in bondage there is no birth for It.

अजः *ajah*, unborn (essentially, though appearing to be born)

नित्यः *nityah*, eternal, perpetual.

शाश्वतः *sâsvatah* (अपक्षय विवर्जितः M. अविकारः) eternal, everlasting, without change or decrease.

अयं *ayam*, this (M. जीवः jiva)

पुराणः *purânah* (पुराऽपि नव एवेति M. पुराणं = पुरेऽणति, अणति गच्छति) M. M. Ancient. S. Though old yet ever new. M. That which *enters* (anati) into *bodies* (pura) *i. e.* embodied.

न na, not.

हन्यते hanyate (हिंस्यते) is killed or injured.

हन्यमाने hanyamâne, being killed.

शरीरे sarîre, the body (Locative Absolute) or .

अपि देहे api dehe, even the body.

He is not born, nor doth he die ; nor having been, ceaseth he any more to be ; unborn, perpetual, eternal, and ancient, he is not slain when the body is slaughtered.

MANTRA 19.

हन्ता चेन्मन्यते हन्तुꣳ हतश्चेन्मन्यते हतम् ।
उभौ तौ न विजानीतो नायꣳ हन्ति न हन्यते ॥ १९ ॥

अन्वयः—हन्ता हन्तुं मन्यते चेत् हतः हतम् मन्यते चेत् (तर्हि) तौ उभौ न विजानीतः अयं न हन्ति न हन्यते ॥

हन्ता hantâ, the killer. (M. The jîva is essentially unborn &c. How then one gets the idea that he is the killer or the killed ? This idea is merely a delusion as shown in this verse).

चेत् chet (यदि) if.

मन्यते manyate (विन्तयति) thinks, or meditates.

हन्तुं hantum (हनिष्यामि एनं इति) to kill (If he thinks " I will kill him the Atman") or M. जीव स्वभावं हन्तुं to kill the essential nature of jîva.

हतः hata*h*, the killed or injured.

चेत् chet, if.

मन्यते manyate, thinks.

हतं hatam (आत्मानं हतोऽहं) killed (*i. e.*) I am killed, my Atma is killed or injured.

उभौ ubhau, both.

तौ tau, they.

न विजानीतः na vijânîta*h*, do not know or understand (their true self or Jîva)

न अयं na ayam, neither this.

हन्ति hanti, kills.

न हन्यते na hanyate, nor is killed.

If the slayer thinks to slay, if the slain thinks *himself* to be slain, they both do not understand (its nature), for this one neither slays nor is slain.

MANTRA. 20.

अणोरणीयान्महतो महीयान्
आत्मास्य जन्तोर्निहितो गुहायाम् ।
तमक्रतुः पश्यति वीतशोको
धातुः प्रसादान्महिमानमात्मनः ॥ २० ॥

अन्वयः—अस्य जन्तोः गुहायां निहितः आत्मा अणोरणीयान् महतः महीयान् अक्रतुः धातुः प्रसादात् तं आत्मनः महिमानं (यदा) पश्यति (तदा) वीतशोकः (भवति) ॥

अणोः anoh (सूक्ष्मात्) than an atom.

अणीयान् aniyân (अणुतरः) more subtle.

महतः mahatah (महत् परिमाणात्) than the great.

महीयान् mahîyân (महत्तरः) greater.

आत्मा Âtmâ, the Self.

अस्य asya, of this.

जन्तोः jantoh (प्राणिजातस्य M. जीवस्य) of the creature, of the jîva.

निहितः nihitah (आत्मभूतः, स्थितः M. नितरां स्थितः) placed ; remained as self; entirely placed M. M. hidden.

गुहायां guhâyâm (हृदये M. हृदि) in the cavity, in the heart.

तम् tam (आत्मानं) Him (the self)

अक्रतुः akratuh (अकामः M. अकारवाच्य विष्णु विषयक क्रतु यस्मिन् निश्चयवान्) free from desire M. Believer (*kratu*) in Vishnu (अ).

पश्यति pasyati M. (साक्षात् विजानाति अयम् अहमस्मि ध्यानद्वारा साक्षात् करोति) sees, realises in meditation, or realises I am that.

वीतशोकः vîta sokah, free from grief or sorrow.

धातुः dhâtuh (मनादीनि करणानि धातवः शरीरस्य धारणात् M. हरेः) of the senses (like Manas &c.), M. of the Hari or Creator. Sankara reads dhâtu prasada as a compound word. Madhva reads it as dhâtuh genitive singular of dhâtri.

प्रसादात् prasâdât, by the grace, or by the tranquility.

महिमानं mahimânam (M. महान्तं, महागुण परिमाणं) the greatness (the great qualities).

आत्मनः âtmanah M. (स्वस्मात्) of the self. M. from himself, as compared to himself.

More subtle than the subtle, greater than the great, the Atman of this Jîva is placed in the cavity: he who is free from desires and beyond grief, beholds by the tranquility of his senses *that* majesty of the soul.

MANTRA. 21.

आसीनो दूरं व्रजति शयानो याति सर्व्वतः ।
कस्तम्मदामदन्देवं मदन्यो ज्ञातुमर्हति ॥ २१ ॥

अन्वयः—(यः) आसीनः दूरं व्रजति शयानः सर्वतः याति तं मदामदं देवं मत् अन्यः कः ज्ञातुं अर्हति ॥

आसीनः âsinah (अवस्थितः, अचलः एव सन्) siting still.

दूरं dûram, far.

व्रजति vrajati, he walks.

शयानः sayânah, lying down.

याति yâti, he goes.

सर्वतः sarvatah, every where.

कः kah, who.

तं tam, That.

मदामदं madâmadam (समदोऽमदश्च, सहर्षोऽहर्षश्च M. मदश्चामदश्च सुखं असुखं ततोभवति इति मदामदं सुखासुखहेतुं) M. M. who rejoices and rejoices not. M. Who is the cause of rejoicing and grief.

देवं devam, the shining one, the god.

मत् अन्यः mat anyah, Another than my self.

ज्ञातुं jnâtum, to know.

अर्हति arhati, is able, or is worthy.

Unmoving it goes afar, resting it moves everywhere who other than my Self is able to know that shining One, the dispenser of pleasure and pain.

MANTRA. 22.

अशरीरꣳ शरीरेष्वनवस्थेष्ववस्थितम् ।
महान्तं विभुमात्मानं मत्वा धीरो न शोचति ॥२२॥

अन्वयः—धीरः अनवस्थेषु शरीरेषु अशरीरं अवस्थितं महान्तं विभुं आत्मनं मत्वा न शोचति ॥

अशरीरं asarîram (स्वेन रूपेण आकाशकल्प आत्मा तं) bodiless.

शरीरेषु sarîreshu (देवपितृमनुष्यादि शरीरेषु M. प्राणिदेहेषु) in the bodies (physical, astral and devachanic.)

अनवस्थेषु anavastheshu (अवस्थिति रहितेषु, अनित्येषु M. नश्वरेषु प्राणिदेहेषु अशरीरं तत्शरीरनिमित्तकविकाररहिततया अवस्थितं) in not permanent, among the changing M. In the transient bodies of living creatures, that bodiless one exists, free from the changes that are inherent in bodies. According to Madhva, this word qualifies शरीरेषु.

अवस्थितं avasthitam (नित्यं, अविकृतं) eternal, unchanging. M. existing, or staying in.

महान्तं mahântam (M. देशकालगुणतः महान्तं) great (in regard to Time, space and qualities).

विभुं vibhum (व्यापिनं M. समर्थं) all pervading M. all powerful.

आत्मानं âtmânam M. (स्वामिनं आत्मा प्रभुं स्वतोऽनन्यत्वं प्रत्यर्थनायै) the self M. the Master, the Lord.

मत्वा matvâ (अयम् अहम् इति) having known (It as "I am this")

धीरः dhîrah (धीमान्) the wise.

न na, not.

शोचति sochati, grieves, M. मुक्तो भवति, He becomes liberated.

The wise, having known that Self *as* resting unembodied in *these* changing bodies, as great and all-pervading, becomes fully liberated.

MANTRA. 23.

नायमात्मा प्रवचनेन लभ्यो न मेधया न बहुना श्रुतेन ।
यमेवैष वृणुते तेन लभ्यस्तस्यैष आत्मा विवृणुते तनूꣳ स्वाम् ॥ २३ ॥

अन्वयः—अयं आत्मा प्रवचनेन न लभ्यः । मेधया (न लभ्यः) बहुना श्रुतेन (न लभ्यः) एषः यमेव (स्वात्मानं) वृणुते तेन लभ्यः तस्य एषः आत्मा स्वां तनूं विवृणुते ॥

न अयम् आत्मा na ayam âtmâ, not this self, or This self is not.

प्रवचनेन pravachanena (अनेकवेदस्वीकारेण M. व्याख्यानेन) studying many Vedas or sciences M. by commentaries, lectures.

लभ्यः labhyah (ज्ञेयः M. दर्शनीयः) obtained, known, seen.

न मेधया na medhayâ (ग्रन्थार्थधारणशक्त्या M. स्वकीयप्रज्ञाबलेन) nor by understanding, by the power of quickly apprehending the sense of books. M. by the power of one's own intelligence.

न na, not.

बहुना bahunâ, by much.

श्रुतेन srutena (श्रवणेन) by hearing or learning.

यम् yam (यमेव स्वात्मानं) whom.

एव eva, even.

एष esha साधकः M. (भगवान्) this (seeker of self or M. God)

वृणुते vrinute (प्रार्थयते M. स्वीकरोति, यस्मै प्रसीदति इति यावत्) prays to, M. accepts or elects. *i. e.* on whom He shows His grace : with whom He is pleased.

तेन tena (तेनैवात्मना वरित्रा स्वयमात्मा लभ्यः ज्ञायते एवम्) by him.

लभ्यः labhyah (ज्ञायते, M. दर्शनीयः) (is) obtainable, knowable, visible.

तस्य tasya, of him or by him (आत्मकामस्य who desires Self alone or M. who is the object of Divine grace प्रसाद विषयस्य)

एष esha, this.

आत्मा âtmâ, the Self.

विवृणुते vi-vrinute (प्रकाशयति M. दर्शयति) reveals, shows.

तनूं tanûm body.

स्वां svâm, (स्वकीयां स्व याथात्म्यम्) own (Its true nature,) M. The direct knowledge can be obtained through the grace of God alone.

This Atma is not to be obtained by many explanations, nor by the Intellect, nor by much learning. It can be obtained by the Soul by whom it is desired. His soul reveals its own truth. (Madhwa's reading is:—whom alone this Atma selects, by him is it obtained: for him this Atma reveals its own nature)

MANTRA. 24.

नाविरतो दुश्चरितान्नाशान्तो नासमाहितः ।
नाशान्तमानसो वापि प्रज्ञानेनैनमाप्नुयात् ॥ २४ ॥

अन्वयः—दुश्चरितात् अविरतः एनं न आप्नुयात् अशान्तः (एनं) न (आप्नुयात्) असमाहितः (एनं) न (आप्नुयात्) अशान्त मानसः वा अपि (एनं) न (आप्नुयात्) (किन्तु उक्त विलक्षणः) प्रज्ञानेन एनं आप्नुयात् ॥

M. If He is visible by His grace only, what is the use of Vairâgya &c. ? To this the Shruti replies that jnâna is necessary in order to get that grace.

न na, not.

अविरतः a-vi-ratah, (अनुपरतः M. अनिवृत्तः) ceased to be attached, not turned away.

दुश्चरितात् duscharitât (प्रतिषिद्धात् श्रुतिस्मृति-अविहितात् पापकर्मणः) from evil-conduct, from sinful works prohibited by the Vedas and Dharma sastra. M. M. wickedness. Who has not controlled his conduct, not learned श्रमः ॥

न na, not.

अशान्तः asântah, (अनुपरतः M. श्रवण-मनन-ध्यानैः भगवान्-निष्ठा-रहितः) not tranquil (who has not controlled his mind). M. who is devoid of devotion to the Lord and does not practise study, meditation and contemplation, who has not शमः ॥

न na, not.

असमाहितः a-samâhitah (अनेकाग्रमनाः, विक्षिप्तचित्तः M. यथावस्तु तथा ज्ञानहीनः) not concentrated, not-one-pointed-mind ; mind-dispersed, M. who is devoid of the true knowledge of things. Who does not possess the attribute of समाधानः ॥

न na, not.

अशान्त-मानसः a-sânta-mânasah (व्यापृतचित्तः M. विषय भोगे मग्नं बुद्धिहीनः विषय लंपटः) not-tranquil-mind, M. who being immersed in the enjoyment of sense objects, is devoid of right understanding.

वा अपि vâ api, or also.

प्रज्ञानेन prajnânena (ब्रह्म विज्ञानेन M. प्रज्ञानद्वारा) by knowledge. S. by Brahma-knowledge.

एनं enam (प्रकृतं आत्मानं M. भगवंतं तत्प्रसादं) this (Self or M. God and His grace)

आप्नुयात् âpnuyât, he obtains.

Whosoever has not ceased from wicked ways : is not controlled (in his senses), not concentrated (in his intellect), and is not controlled (in mind) does not obtain this Atma ; (not) even by knowledge.

Another reading is.—

He who has ceased from evil deeds and *is* controlled (in senses), concentrated (in intellect) and controlled (in mind) obtains this Atma through the knowledge (of Brahma.)

MANTRA. 25.

यस्य ब्रह्म च क्षत्रञ्च उभे भवत ओदनः ।
मृत्युर्यस्योपसेचनं क इत्था वेद यत्र सः ॥ २५ ॥

अन्वयः — यस्य ब्रह्म च क्षत्रं च उभे ओदनः भवतः यस्य मृत्युः उपसेचनं कः यत्र (वर्तते) इत्थाकः वेद ॥

यस्य yasya S. आत्मनः (M. भगवतः) of whom or whose (the Self or God)

ब्रह्म Brahma (ब्राह्मणत्व जात्याक्रान्तं वस्तु) the Brâhmana (caste)

च cha, and.

क्षत्रं kshatram (क्षत्रियत्व जात्याक्रान्तं च) the Kshatriya

च cha, and (इतरेतर समुच्चये च शब्दौ उभे ब्रह्मक्षत्रे S. सर्वधर्मविधारके अपि, सर्वत्राणभूते)

उभे ubhe, both.

भवतः bhavata*h* (स्याताम्) are.

ओदनः odana*h* (अशनं M. अन्नं) food.

मृत्युः mrityu*h* (प्राणिनां मारकः) death.

यस्य yasya, whose.

उप सेचनं upa-sechanam (ओदनस्याशनत्वेऽप्यपर्याप्तः M. अदनमानत्वेऽपि अन्नादनसाधनं व्यंजनकं) over-sprinkling.

कः ka*h*, who.

इत्था itthâ (इत्थं एवं यथोक्तसाधनवानिव M. इत्थं एवं प्रकारेण तदिदिति शेषः) thus.

वेद veda (विजानाति) knows.

यत्र yatra (यत्र तिष्ठति) where.

स sa (आत्मा M. एवं जगत् संहर्तुमुद्युक्तो महाबलः) He (the Atma or the great Destroyer of the universe)

Who thus can know where that (Self) dwells, of whom the Brâhmana and Kshattriya both are as food, and I, Death am but a sprinkling over it.

अथ प्रथमाध्याये त्रितीया वल्ली ।

MANTRA 1.

ऋतं पिबन्तौ सुकृतस्य लोके
गुहाम्प्रविष्टौ परमे परार्द्धे ।
छायातपौ ब्रह्मविदो वदन्ति
पञ्चाग्नयो ये च त्रिणाचिकेताः ॥ १ ॥

अन्वयः—ये ब्रह्मविदः पञ्चाग्नयः त्रिणाचिकेताः च (ते) परमे परार्द्धे लोके गुहां प्रविष्टौ सुकृतस्य ऋतं पिबन्तौ छायातपौ वदन्ति ॥

ऋतं ritam (सत्यं, अवश्यं भाविस्वात् कर्मफलं M. सुकृतफलं) Truth, the fruit (of work) M. the fruit of good work.

पिबन्तौ pibantau M. (भुंजानौ) both drinkers (S. The word is in the dual number, but should be construed as singular. The real "drinker" is jîva only, not Ishwara. S. The two particular "forms" or aspects of Vishnu, called Atmâ and Antarâtmâ.)

सुकृतस्य sukritasya, (स्वयंकृतस्य कर्मणः ऋतं M. सुकृतस्य लोके = पुण्यसंबंधिनि लोके पुण्यनिर्मित शरीरे हृदयगुहायां) of one's acts, of good deeds. S. to be construed with ritam. Sukritasya ritam = fruit of good deeds or of one's own deeds. M. To be construed with "loke". Sukritasya loke = in the world of the doer of good deeds, in the body formed from the merits of good deed, in the cavity of the heart.

लोके loke (अस्मिन् शरीरे) in the world (in this body)

गुहां guhâm (गुहायां बुद्धौ) in the cavity (Buddhi).

प्रविष्टौ pravishṭau, entered.

परमे parame (बाह्यपुरुषाकाशसंस्थानापेक्षया परमम् M. सर्वजीवोत्तमे) in the highest (as compared with the external ether) M. in the best of all Jîvas.

परार्धे or र्ध्ये parârdhe or dhye (परस्य ब्रह्मणोऽर्धं स्थानं; तस्मिन् हि परम् ब्रह्मोपलभ्यते; हार्दाकाशे M. परमत्यन्तं परेऽर्ध इति वा, आद्यन्तात् ऊर्ध्वे अभिवृद्धे प्राणादिपूर्वे मुख्यवायौ) the abode of the Supreme (Brahman) *i.e.* the ether of the heart. M. In the most excellent, exalted, in the Principal Vâyu M. M. Summit.

छायातपौ chhâyâtapau (M. साधु- असाध्वोः, सुखदुःखदौ) like shadow and light. M. good and bad, giving pleasure and pain. S. one transmigrating, the other free from it.

ब्रह्मविदः Brahma-vida*h* (M. ब्रह्मज्ञानिनः) the knowers of Brahman.

वदन्ति vadanti (कथयन्ति) say.

पंचाग्नयः panchâgnaya*h* (गृहस्थाः M. देवयज्ञ-पितृयज्ञ-भूतयज्ञ-मनुष्ययज्ञ-ब्रह्मयज्ञ रूपं पंच महायज्ञवंतः or द्यु-पर्जन्य पृथिवी पुं स्त्री रूप पंचाग्नि विद्या निष्ठा वा) the house-holder. M. the keepers of five fires—*ie.* performers of Deva, Pitri, Bhuta-Manushya and Brahma-Sacrifices. Or who tend the five fires of Chhândogya Upanishad T S. Those who control their five fires or senses or Gârhapatya, Dakshinâgni, Ahavanîya, Sabhya Avasathya.

ये ye, who.

च cha, and.

त्रिणाचिकेताः tri-nâchiketâ*h* (त्रिः कृत्वो नाचिकेतोऽग्निश्चितो यैः ते

M. त्रिणाच कृतनाचिकेताग्नयः) who perform the triple nachiketa fire sacrifice.

There are two souls (the Higher and the Lower self) both nourished by truth, existing in the world of their own deeds (in their self-madeen vironment) having both entered into the cavity, the highest place of the Supreme. *Them* the knowers of Brahma as *also* the performers of the five fold fires *and* the triple nachiketa sacrifice, declare *to be as* light and its reflection.

MANTRA. 2.

यः सेतुरीजानानामक्षरम्ब्रह्म यत्परम् ।
अभयं तितीर्षताम्पारं नाचिकेतꣳ शकेमहि ॥ २ ॥

अन्वयः—यः ईजानानां सेतुः (तं) नाचिकेतं अभयं पारं तितीर्षतां यत् परम् अक्षरं ब्रह्म (तत्) शकेमहि (ज्ञातुं)

यः yah, who.

सेतुः setuh (सेतुरिव M. मर्यादा) bridge, M. boundary, limit.

ईजानानां îjânânâm (यजमानानां कर्मिणां दुःखसंतरणार्थत्वात्) of the sacrificers (M. This word is formed from the root यज्, to sacrifice', with the affix कानच् causing the change of य into ई ॥ विष्णु याजिनां of the performers of karma ; M. the worshippers (of Vishnu).

अक्षरं aksharam (आत्माख्यं) Imperishable, indestructible.

ब्रह्म Brahma, the Brahman.

यत् yat, or तत् tat, which or that.

परं param (परमाश्रयं M. उत्तमं) the highest (refuge), the best, Supreme.)

अभयं abhayam (भयशून्यं M. अभयं पारं=अभयप्रदं तीरं) the free from fear, or fearless; M. the shore which gives security from fear.

तितीर्षतां titîrshatâm (तर्तुम् इच्छतां ब्रह्मविदां M. संसाराब्धिं तर्तुमिच्छतां) who wish to cross (the ocean of Samsâra, births and deaths)

पारं pâram (तीरं.) shore.

नाचिकेतं nâchiketam (नाचिकेतोऽग्निः, तं ज्ञातुं चेतुं च। M. नचिकेतसं प्रति वाचनं वक्तुं) the Nâchiketa fire M. to Nachiketa. *ie.* according to S. may we be able to know and collect the Nâchiketa fire. And according to M. "we may be able to tell or teach Nachiketa".

शकेमहि or शकेमसि sakemahi or sakemasi (शक्नुयाम M. शक्नुमः The शप् declension is a Vaidic irregularity. The affix मसि is added by Pânini VII. I. 46,) may we be able. The higher and the lower Brahmans are respectively the refuge of the karma-kãndins and Brahma-vidas.

May we be able to know both the nachiketas fire and that *One* who is the aim of all worshippers, the imperishable Brahma, the place where no fear is, for those who wish to cross Samsara.

MANTRA 3.

आत्मानꣳ रथिनं विद्धि शरीरꣳ रथमेव तु ।
बुद्धिन्तु सारथिं विद्धि मनः प्रग्रहमेव च ॥ ३ ॥

अन्वयः—आत्मानं रथिनं विद्धि शरीरं तु रथं एव (विद्धि) बुद्धिं तु सारथिं विद्धि मनः एव च प्रग्रहं (विद्धि) ॥

आत्मानं âtmânam (ऋतपं संसारिणं M. शरीरान्तर्व्यापिनं जीवमेव) the Self (the individual transmigrating evolving, rita-drinking Ego). M. the jîva (pervading throughout the body).

रथिनं rathinan (रथस्वामिनं) the seated in the chariot or the lord of the chariot.

विद्धि viddhi (जानीहि)know thou.

शरीरं sarîram, the body.

रथं ratham, the chariot.

एव eva, even.

तु tu, verily.

बुद्धिं buddhim. (अध्यवसायलक्षणां) the Buddhi; the Pure Reason, the power of determining.

तु tu, verily.

सारथिं sârathim, the driver or charioteer.

विद्धि viddhi, know thou.

मनः manah, the Manas, the mind.

प्रग्रहं pragraham (रशनां) the reins.

एव eva, even.

च cha, and.

Know thou the Atma as seated in the chariot, the body even as the car; Buddhi is the driver and Manas as the reins.

MANTRA 4.

इन्द्रियाणि हयानाहुर्विषयांस्तेषु गोचरान् ।
आत्मेन्द्रियमनोयुक्तं भोक्तेत्याहुर्मनीषिणः ॥ ४ ॥

अन्वयः—मनीषिणः इन्द्रियाणि हयान् आहुः तेषु गोचरान् विषयान् (आहुः) आत्मेन्द्रिय मनोयुक्तं (आत्मानं) भोक्ता इति आहुः ॥

इन्द्रियाणि indriyâ*n*i (चक्षुरादीनि) the senses (like eye, ear &c.) The astral body or the body of sensation.

हयान् hayân (अश्वान्) horses.

आहुः âhu*h* (प्राहुः) say (the wise).

विषयान् vishayân (रूपादीन् M. शब्दादीन्) the objects (of senses).

तेषु teshu (इन्द्रियेषु M. तेषां) their.

गोचरान् gocharân (मार्गान् M. अश्वसंचारानुकूलदेशान्) the roads M. the places on which horses can run. The race-course.

आत्म-इन्द्रिय-मनो-युक्तं âtma indriya mano yuktam. (शरीरेन्द्रियमनोभिः सहितं संयुक्तं M. आत्मानं इन्द्रियमनोभिः युक्तं) body-senses-mind-joined. M. The Atmâ in union with senses and mind (astral and mental, is called bhokta or enjoyer).

भोक्ता bhoktâ (संसारी M. सुखदुःखानुभवकृत उच्चत्वनीचत्व-भाजं) the enjoyer, the transmigrating ego, the experiencer of pleasure and pain, high and low states.

इति iti, thus.

आहुः âhu*h*, say.

मनीषिणः manîshina*h* (विवेकिनः M. ज्ञानिनः) the wise.

They say the senses *are* the horses *and* the objects their roads ; the wise say that the experiencer is the Atma joined with sense and mind.

MANTRA. 5.

यस्त्वविज्ञानवान् भवत्ययुक्तेन मनसा सदा ।
तस्येन्द्रियाण्यवश्यानि दुष्टाश्वा इव सारथेः ॥ ५ ॥

अन्वयः—यः (सारथिः) तु अविज्ञानवान् भवति अयुक्तेन मनसा सदा (युक्तोभवति) तस्य सारथेः दुष्टाश्वा इव इन्द्रियाणि अवश्यानि (भवन्ति) ॥

यः yah, who (the Buddhi charioteer)

तु tu, but

अविज्ञानवान् avijnânavân, (अनिपुणः M. विवेकहीनः) without wisdom, not dexterous, without discrimination.

भवति bhavati, is.

अयुक्तेन ayuktena, (अप्रगृहीतेन, असमाहितेन M. अनिगृहीतेन) unjoined; without reins, without balance (of mind), without concentration (of mind)

मनसा manasâ, (प्रग्रहस्थानीयेन) with the mind.

सदा sadâ, always.

तस्य tasya, his (*i. e.* of such a Buddhi charioteer)

इन्द्रियाणि indriyâ*n*i, the senses (*i. e.* the horses)

अवश्यानि avasyâni, (अशक्यानि-अनिवारणीयानि) unmanageable, un-controllable.

दुष्टाश्वाः dush*t*â-svâ*h* (अदान्ताश्वाः) vicious horses, unbroken or untamed horses.

इव iva, like.

सारथेः sârathe*h*, of the charioteer.

But he who is without discrimination, and Manas without harmony, his senses are always uncontrolled, like to unbroken horses of a driver.

MANTRA. 6.

यस्तु विज्ञानवान् भवति युक्तेन मनसा सदा ।
तस्येन्द्रियाणि वश्यानि सदश्वा इव सारथेः ॥ ६ ॥

अन्वयः—यः (सारथिः) तु विज्ञानवान् भवति युक्तेन मनसा सदा (युक्तः भवति) तस्य सारथेः सदश्वा इव इन्द्रियाणि वश्यानि (भवन्ति)

यः yah, who.

तु tu, but.

विज्ञानवान् vijnânavân, having understanding, whose mind-rein is firmly held.

भवति bhavati, is.

युक्तेन yaktena, joined, balanced, harmonised.

मनसा manasa, with the mind.

सदा sada, always.

तस्य tasya, his.

इन्द्रियाणि indriyâni, the senses.

वश्यानि vasyani, manageable, under control.

सदश्वाः sadasvâh, good horses.

इव iva, like.

सारथेः sâratheh, of the charioteer.

But he who discriminates, *has* Manas always harmonised, his senses are controlled, like good horses of the driver.

MANTRA 7.

यस्त्वविज्ञानवान् भवत्यमनस्कः सदाऽशुचिः ।
न स तत्पदमाप्नोति संसारञ्चाधिगच्छति ॥ ७ ॥

अन्वयः—यः (रथी) तु अविज्ञानवान् अमनस्कः सदा अशुचिः भवति सः तत्पदं न आप्नोति संसारं च अधिगच्छति ॥

यः yah, who.

तु tu. but

अविज्ञानवान् avijnânavân M. (विवेकाख्यबुद्धिरूपसारथिविहीनः) who has no understanding. M. who has not Buddhi as charioteer.

भवति bhavati, is.

अमनस्कः amanaskah (असंगृहीतमनस्कः M. अवशीकृतमनस्कः) unmindful, who has not controlled the mind.

सदा sadâ, always.

अशुचिः asuchih, (विषयासक्तत्वात्) impure (being immersed in sensual gratifications,)

न na, not.

स sa, he (the charioteer.)

तत् पदं tat padam (पूर्वोक्तं अक्षरं यत् परं पदं M. सर्वे वेदा यत्पदं ब्रह्मस्वरूपं) that place, (that above-mentioned Imperishable highest Brahman). M. The Padam referred to in II. 15. That goal.

आप्नोति âpnoti, reaches.

संसारं samsâram, the transmigratory circle, the round of births, the current of births and deaths.

च cha, and.

अधिगच्छति adhi-gachchhati, goes over or enters.

He who is without discrimination, and Manas uncontrolled, being always impure, never reaches that Place, but returns again to Samsara.

MANTRA. 8.

यस्तु विज्ञानवान् भवति समनस्कः सदा शुचिः ।
स तु तत्पदमाप्नोति यस्माद्भूयो न जायते ॥ ८ ॥

अन्वयः—यः (रथी) तु विज्ञानवान् समनस्कः सदा शुचिः भवति स तु यस्मात् भूयो न जायते तत्पदं आप्नोति ॥

यः	ya*h*, who.
तु	tu, however.
विज्ञानवान्	vig*n*ânavân, of understanding.
भवति	bhavati, is.
समनस्कः	samanaska*h*, (युक्तमनाः M. वशीकृतमनस्कः) balanced mind, of controlled mind.
सदा	sadâ, always.
शुचिः	suchi*h*, pure.
स	sa, he.
तु	tu, verily.
तत् पदं	tat padam, that place or goal.
यस्मात्	yasmât, from which (having fallen down).
भूयः	bhûya*h*, (पुनः) again.
न	na, not.
जायते	jâyate (संसारे) is born (in the world).

But he who discriminates, with manas always harmonised and (senses) pure, verily he (reaches) that place from which he is not born again.

MANTRA 9.

विज्ञानसारथिर्यस्तु मनः प्रग्रहवान्नरः ।
सोऽध्वनः पारमाप्नोति तद्विष्णोः परमम्पदम् ॥ ९ ॥

अन्वयः—यः नरः तु विज्ञान सारथिः मनः प्रग्रहवान् (भवति) सः अध्वनः पारं विष्णोः तत्परमं पदं आप्नोति ॥

विज्ञान-सारथिः	vij*n*âna-sârathi*h* (विवेक बुद्धि सारथिः M. वशीकृतें- द्रियवान्) who has understanding for charioteer Lit. Intelligence-driver.

यः yah, who.

तु tu, but.

मनः प्रग्रहवान् manah. pragrahavân (प्रगृहीतमनाः) M. M. who holds the reins of the mind समाहित चित्तः balanced mind.

नरः narah, man.

सः sah, he.

अध्वनः adhvanah (संसारगतेः M. संसारपदव्याः) of the road or journey (of the rouuds.)

पारं pâram (परमेवाधिगन्तव्यं, मुच्यते सर्वसंसारबन्धनैः M. तीरंभूतं) the end, the shore.

आप्नोति âpnoti, he reaches.

तद् विष्णोः tad vishnoh, (व्यापनशीलस्य ब्रह्मणः परमात्मनः वासुदेवाख्यस्य) of that Vishnu (the all pervading Brahman, the Supreme Self, called Vâsudeva.)

परमं पदं paramam padam (प्रकृष्टं स्थानं M. स्वरूपं) the highest place M. the same form as that of Vishnu.

But the man who has Vijnâna for his charioeter, and holds the reins of Manas, he reaches the end of the road, that highest place of Vishnu.

MANTRA. 10.

इन्द्रियेभ्यः परा ह्यर्था अर्थेभ्यश्च परं मनः ।
मनसस्तु परा बुद्धिर्बुद्धेरात्मा महान् परः ॥ १० ॥

अन्वयः—अर्थाः हि इन्द्रियेभ्यः पराः मनश्च अर्थेभ्यः परम् । बुद्धिस्तु मनसः परा महान् आत्मा बुद्धेः परः (उच्यते) ॥

इन्द्रियेभ्यः indriyebhya*h*, than the senses. M. According to Madhva the present verse refers to the various divinities presiding over the karmendriyas and jnanendriyas, as shown below.

Indriyas	*Presiding Divinities*		*Arthas or objects*
Srotra	Soma	Sanparni	Sabda, Sparsa
Tvach	Kubera		
Chakshuh	Surya		
Rasana	Varuna	Varuni	Rûpa, Rasa
Gharna	Aswinau		
Vach	Agni		
Pa*n*i	Indra		
Pada	Jayanta	Pârwati	Gandha
Payu	Yama		
Upastha	Daksha		

The three Devis—Sanpar*n*î, Vâru*n*î and Parvati—preside over arthas; Samparni on Sabda and Sparsa; Vâru*n*î on Rupa and Rasa, and Parvati on Gandha only.

पराः parâ*h* (सूक्ष्माः M. उत्तमाः) higher, subtler, M. superior. M. That is, the three Divinities presiding over arthas are of superior hierarchy to those concerned with the Indriyas.

हि hi, verily.

अर्थाः arthâ*h*, the objects. M. the three divinities presiding over the objects.

अर्थेभ्यः arthebhya*h*, than the objects M. Than the three devis.

च cha, and.

परं param, superior.

मनः manah, the Manas. M. The divinities presiding over the Manas, viz. Rudra, Vindra (?) and Sesha.

मनसः manasah, than the Manas. M. Than the presiding Devas of Manas.

तु tu,

परा parâ, superior.

बुद्धिः buddhih, the Buddhi M. The goddess Saraswati presiding over Buddhi.

बुद्धेः buddheh, than the Buddhi.

आत्मा महान् âtmâ mahân (सर्वप्राणिबुद्धीनां प्रत्यगात्मत्व भूतत्वाद् आत्मा, महान् सर्वमहत्वाद् अव्यक्ताद् यत् प्रथमं जातं हैरण्यगर्भं तत्वं बोधाबोधात्मकं महानात्मा ॥ M. महत् तत्त्वाभिमानी आत्मा विरिंचः) the great Self S. The Hiranyagarbha. M. The Virincha presiding over Mahat Tattva.

परः parah, superior.

Higher than sensations *are* perceptions, higher than perceptions *is* Manas, Higher than Manas *is* Buddhi, higher than Buddhi, *is* the Mahat Atma.

MANTRA. 11.

महतः परमव्यक्तमव्यक्तात् पुरुषः परः ।
पुरुषान्न परम् किञ्चित्सा काष्ठा सा परा गतिः ॥ ११ ॥

अन्वयः—अव्यक्तं महतः परम् पुरुषात् अव्यक्तः परः । पुरुषात् परं किञ्चित् न उपपद्यते सा काष्ठा सा परागतिः ॥

महतः mahatah, than the Mahat. M. Than the four faced Brahmâ or Virincha.

परम् param, superior, subtler.

अव्यक्तं avyaktam, (सर्वस्य जगतो बीजभूतं अव्याकृतनामरूपसतत्त्वं M. प्रकृति अभिमानिनी श्रीः) the undeveloped. S. The seed of the whole kosmos, unmanifest by name or form, the collection of all forces, effects and causes, variously called Avyakta, Avyakrita, Akasha &c., mixed up with andinherent in the Supreme Self like the web and warp; the power latent in the acorn that gives rise to the oak of the universe. M. The Goddess Srî presiding over Prakriti.

अव्यक्तात् avyaktât, than the Avyakta, M. Than the Sri Tattva.

पुरुषः purushah, the Person, the Purusha. (सर्वपूरणात् M. पूर्णत्वहेतुना पुरुषनामा विष्णुः) M. The Vishnu (because he pervades all.)

परः parah, Superior, subtler.

पुरुषात् purushat, than the Purusha.

न na, not.

परं param, superior, subtler.

किंचित् kinchit, anything.

सा sâ, he (Feminine pronoun because of the subsequent feminine noun kâshthâ).

काष्ठा kâshthâ (निष्ठा पर्यवसानं M. अवधिः, देवतातारतम्य विश्रान्तभूमिः) the end, the limit, the goal. The Head of the hierarchies.

सा sâ, he (lit She.)

परा parâ, Supreme, the Great, the best.

गतिः gatih (मन्तूणां सर्वगतिमतां संसारिणां परा प्रकृष्टागतिः M. परम प्राप्यः) path ; the object of attainment.

The Avyakta is higher than Mahat, the Purusha is higher than Avyakta. There is nothing higher thau Purusha. She the end, she the supreme goal.

MANTRA. 12.

एष सर्वेषु भूतेषु गूढोत्मा न प्रकाशते ।
दृश्यते त्वग्र्यया बुद्ध्या सूक्ष्मया सूक्ष्मदर्शिभिः ॥ १२ ॥

अन्वयः—एषः सर्वेषु भूतेषु गूढोत्मा न प्रकाशते सूक्ष्मदर्शिभिः तु अग्र्यया सूक्ष्मया बुद्ध्या दृश्यते ॥

एष esha, (पुरुषः) this (Purusha).

सर्वेषु भूतेषु sarveshu bhuteshu, in all beings (from the highest Brahmâ downwards to a tuft of grass)

गूढः gûdhah (संवृतः M. गूढोत्मा = अन्तर्हित स्वरूपःसन्) hidden M. the hidden Self = the inmost essence or nature of all.

आत्मा atma, self.

न na, not.

प्रकाशते prakâsate, shines forth.

दृश्यते drisyate, is seen.

तु tu, but. M. The force of " but " is to indicate that the Grace of God is the only means of seeing him.

अग्र्यया agrayã (अग्रमिवाग्र्या तयैकाग्रतयोपेतया M. श्रवणादि जनितया भगवत्प्रसादवशीनया) by sharp, M. by the intellect purified and prepared by the hearing &c. about Brahman, and accompanied by the grace of God.

बुद्ध्या buddhya, by the Buddhi.

सूक्ष्मया Sûkshmaya, by the Subtle (by the intellect capable of finding subtle things).

सूक्ष्मदर्शिभिः Sûkshma-darsibhih (परं सूक्ष्मं द्रष्टुं शीलं येषां तैः पण्डितैः) by the subtle-seers, by the Pandits.

This is concealed in all beings: *this* Atma does not manifest itself, but is seen through the pointed subtle Buddhi, by men of subtle Sight.

MANTRA. 13.

यच्छेद्वाङ्मनसी प्राज्ञस्तद्यच्छेज्ज्ञान आत्मनि ।
ज्ञानमात्मनि महति नियच्छेत्तद्यच्छेच्छान्त आत्मनि ॥१३॥

अन्वयः—प्राज्ञः वाक् (वाचम्) मनसी (मनसि) यच्छेत्, तत् ज्ञाने आत्मनि यच्छेत्, ज्ञानं महति आत्मनि नियच्छेत्, तत् शान्ते आत्मनि यच्छेत् ॥

यच्छेत् yachchhet (उपसंहरेत्) should merge; cause the laya

वाक् vâk (वागग्रोपलक्षणं सर्वेषामिन्द्रियाणां M. इन्द्रियाभिमानिनः प्राणुक्तान् सोमादीन् वाचि वागभिमानिनीषु पार्वती-वाक्श्रीवोपर्णीषु यच्छेत् इति आदौ योज्यं ॥ वाचं वागभिमानिनीः उमाद्यास्तिस्रोदेवीः) the speech. (The speech is taken as a type for all the senses: *i. e.* all the senses must be merged in the manas. M. The Devas presiding over the senses, namely, Soma &c. should be meditated upon, as merging in the three Devîs, Parvati etc, the presiding Devîs of Vâk or Artha. Then the Vâk or the three Devîs should be meditated upon as merging in Manas)

मनसी manasi (मनसि, the long vowel is a Vaidic irregularity) in the Manas M. In the Devas presiding over Manas, *viz*, Siva, Sesha, and Suparna *i. e.* Pârvatî in Siva, Vârunî in Sesha, and Sanparni in Sanparna.

प्राज्ञः prâjna*h* (प्राज्ञो) the wise. M. M. A wise man should keep down speech and mind. He takes वाङ्मनसी as a compound and in Acc. dual case.

तत् tat, that (Manas, or M. शिव-शेष-सुपर्णेश मीड् the Siva, Sesha and Suparna.)

यच्छेत् yachchhet, should merge.

ज्ञाने jnâne (प्रकाशस्वरूपे बुद्धौ M. ज्ञाने आत्मनि = ज्ञानाभिमानिन्योः सरस्वतीभारत्योः) in the (luminous) Buddhi, M. In the Devis, Sarsvati and Bhâratî.

आत्मनि âtmani, in the Self (of Jnâna)

ज्ञानं jnânam (बुद्धिं M. ज्ञानाभिमानिन्यौ सरस्वती भारत्यौ) the Buddhi or M. Saraswati and Bhâratî the presiding devis of Jnâna.

आत्मनि महति âtmani mahati (प्रथमजे M. महत् तत्वाभिमानिनोः आत्मशब्दोदितयोः विरिंचवाय्वोः) in Mahat Atmâ; in the first-born, M. In Brahmâ and Vâyu the presiding Deities of Mahat.

नियच्छेत् or तदिच्छेत् niyachchhet or M. tad-ichchhet. Should merge or तत् that (Mahat) इच्छेत् should wish (to merge).

शान्ते आत्मनि sânte, âtmani in the Atma of Peace.

तत् or यच्छेत् शान्ते आत्मनि tad-yachchhet sânte atmani, should merge that in the self which is Peace or Quiet

Let the wise merge the speech in mind, and merge that (manas) in the Jnana Atma. let them merge the Jnana Atma (Manas) in the Mahat Atma (Buddhi) and merge the Mahat Atma (Buddhi) in the Shanta Atma.

MANTRA 14.

उत्तिष्ठत जाग्रत प्राप्य वरान्निबोधत ।
क्षुरस्य धारा निशिता दुरत्यया दुर्गं पथस्तत्कवयो वदन्ति ॥ १४ ॥

अन्वयः—(हे जन्तवः) उत्तिष्ठत, जाग्रत, वरान् प्राप्य निबोधत, कवयः तत्पथः दुरत्यया निशिता क्षुरस्य धारा (इव) दुर्गं वदन्ति ॥

उत्तिष्ठत uttishṭhata (हे जन्तव आत्मज्ञानाभिमुखा भवत M. हे साधवः उत्तिष्ठत नानाविध विषयचिंतनात् निवृत्ता भवत ॥) Arise (O creatures! turn your face towards the acquisition of spiritual knowledge M. O saints! cease thinking of various wordly matters.)

जाग्रत jâgrata (अज्ञाननिद्राया घोररूपायः सर्वानर्थबीज भूतायाः क्षयं कुरुतः) awake (destroy the sleep of ignorance, deep sleep, the seed of all miseries) (M. जागृत आलस्यमुंचत) leave of laziness.

प्राप्य prâpya (उपगम्य) having approached. M. Having obtained.

वरान् varân (प्रकृष्टान् आचार्यान्) the elect, the best Teachers M. प्राप्य वरान्=महद्भ्यो वरान् प्राप्य having obtained *boons* (from the Great ones). Another reading is परान् the Great ones, the High ones.

निबोधत ni-bodhata (अवगच्छत M. नितरां बुध्यध्वं) learn, understand.

क्षुरस्य kshurasya, of a razor M. This describes Samsara.

धारा dhârâ (अग्रं M. धारेव) edge,

निशिता nisitâ (तीक्ष्णीकृता M. अतितीक्ष्णा) sharpened, very sharp.

दुरत्यया duratyayâ (दुःखेनात्ययो यस्याः सा M. दुःखेन अत्येतव्या तर्तव्या भगवद् बोधाद् अन्येन अत्येतुं अशक्या) difficult to pass over. M. The Samsriti or Samsara is difficult to pass over like the sharp edge of a razor.

दुर्गं durgam (दुः संपाद्यं M. This refers to Brahma knowledge that destroys samsara) difficult to go ; to be understood with great difficulty.

पथः pathah, the road, the path.

तत् tat, that.

कवयः kavayah, (मेधाविनः M. ज्ञानिनः) the sages.

वदन्ति vadanti, say M. The sages say "the Path which destroys Samsriti is inaccessible or accessible with great difficulty."

Awake, arise having approached the great teachers, learn. The sages say that the road is difficult to travel on, and that the crossing over (of Samsara) is difficult as the sharp edge of a rozor.

Awake, arise, having approached the great teachers, learn. The sages say that that hard Path (of Yoga, for the crossing over Samsara,) is as difficult to travel on as is the sharp edge of a razor.

MANTRA 15.

अशब्दमस्पर्शमरूपमव्ययं तथाऽरसन्नित्यमगन्धवच्च यत् ।
अनाद्यनन्तम्महतः परन्ध्रुवं निचाय्य तन्मृत्युमुखात्प्रमुच्यते ॥ १५ ॥

अन्वयः—यत् अशब्दं, अस्पर्शम्, अरूपं अव्ययं तथा अरसं नित्यं अगन्धवत् अनाद्यनन्तं महतः परं ध्रुवं तत् निचाय्य मृत्युमुखात् प्रमुच्यते (निचाय्येति)

अशब्दं asabdam (M. शब्दगुणहीनं, शब्दविषयं च, अस्याश्रयवस्तुत्वात्) without souud ; not having the attribute of sound, not to be known or perceived through sound.

अस्पर्शं asparsam (M. स्पर्शगुणहीनं, अतएव त्वग्विषयत्वहीनं) without touch, not to be perceived by touch.

अरूपं arûpam (M. चक्षुर्गोचरत्वहीनं) without form, therefore not to be perceived by the eyes.

अव्ययं avyayam (न व्येति, न व्ययते M. भौतिकरूपराहित्यादेव अव्ययं—नाशहीनं) without decay, (because he has no material form.)

तथा tathâ, so also.

अरसं arasam, without taste, (रसगुणवर्जितं च अतएव रसनेन्द्रियाविषयः) without the attribute of taste, and so cannot be perceived through taste.

नित्यं nityam, eternal.

अगन्धवत् agandhavat, without smell, not to be perceived by smell.

च cha, and

यत् yat, that which. Madhva takes (नित्यं as adjective qualifying agandhavat (नित्यं गंधवत् च,

अतएव घ्राणाविषयः) "never has smell: therefore, cannot be an object known through smell."

अनादि anâdi (अविद्यमान आदिः कारणमस्य तदिदमनादि M. आदि-जन्मवर्जितं) without beginning or cause.

अनन्तं anantam (अविद्यमानोऽन्तः कार्यमस्य तदनन्तम्) without end or effect.

महतः परं mahatah param (महतः तत्त्वाद्बुद्धि-आख्यात् परं विलक्षणं महत्तत्त्वाभिमानिचतुर्मुखात् परं) beyond the Mahat. S. Higher than or different from Buddhi. M. Above the Four-faced, the presiding deity of Buddhi—Tatva.

ध्रुवं dhruvam (कूटस्थं नित्यं, न पृथिव्यादिवत् आपेक्षिकं नित्यत्वं M. सर्वदैकप्रकारं) the fixed, (the absolutely eternal, not relatively eternal like the matter.) M. Always the same.

निचाय्य nichâyya (अवगम्य M. विचार्य निश्चित्य) having understood or reflected upon, or verified by Sravana etc.

तं tam (आत्मानं) Him.

मृत्यु-मुखात् mrityu-mukhât (मृत्युगोचरात् अविद्या कामकर्म लक्षणात् M. संसृति-बंधात्) from the mouth of death. M from the bondage of Samsara.

प्रमुच्यते pramuchyate (विमुच्यते M. प्रकर्षेण मुच्यते) is fully liberated or freed.

Having reflected on Him, *whose nature* is not sound, or touch, or form, or taste, or smell, who is changeless, eternal, without beginning and without end, beyond Mahat, eternal in its fixity; he escapes from the mouth of death.

MANTRA 16.

नाचिकेतमुपाख्यानं मृत्युप्रोक्तꣳ सनातनम् । उक्त्वा श्रुत्वा च मेधावी ब्रह्मलोके महीयते ॥ १६ ॥

अन्वयः—मेधावी मृत्युप्रोक्तं सनातनं नाचिकेतं उपाख्यानं उक्त्वा श्रुत्वा च ब्रह्मलोके महीयते ॥

नाचिकेतं Nâchiketam (नचिकेतसा प्राप्तं M. नचिकेतसः सम्बन्धि) obtained by Nachiketas or relating to Nachiketas.

उपाख्यानं upâkhyânam, the story.

मृत्यु-प्रोक्तं mrityu proktam, told by Death.

सनातनं sanâtanam (चिरंतनं) the ancient, because Vaidic.

उक्त्वा uktvâ, (ब्रह्मजिज्ञासुभ्यः) having repeated (to Brahma enquirers.)

श्रुत्वा srutvâ (आचार्येभ्य) having heard (from the Teachers.)

च cha, or.

मेधावी medhâvi, the wise man.

ब्रह्मलोके Brahma-loke (ब्रह्मैव लोको ब्रह्मलोकः See II. 17) in the world of Brahman.

महीयते mahîyate (आत्मभूत उपास्यो भवति) becomes worshipped.

A wise man, having repeated the ancient Nachiketas story told by Death, or having heard it (from his teacher) becomes great in Brahma loka.

MANTRA. 17.

य इमं परमं गुह्यं श्रावयेद्ब्रह्मसंसदि ।
प्रयतः श्राद्धकाले वा तदानन्त्याय कल्पते तदानन्त्याय
कल्पत इति ॥ १७ ॥

अन्वयः—यः प्रयतः परमं गुह्यं इमम् (ग्रन्थं) ब्रह्मसंसदि श्राद्धकाले वा श्रावयेद् तद् (श्राद्धं) आनन्त्याय कल्पते ॥

यः yah (कश्चित्) who.

इमं imam (ग्रन्थं) this (book).

परमं paramam (उत्कृष्टं) best. most, greatest.

गुह्यं guhyam (गोप्यं) to be hidden, kept secret, M. mystery.

श्रावयेद् srâvayed (पाठयेत्, श्रावयेत्) makes it heard, repeats.

ब्रह्म-संसदि Brahma-samsadi (ब्रह्मवादिनां संसदि) Brahma-session, assembly of persons who are enquirers of Brahman.

प्रयतः prayatah (शुचिर्भूत्वा) being pure ; M. M. full of devotion.

श्राद्ध काले srâddha-kâle (ब्राह्मणेषु भुञ्जानेषु) at the time of srâddha (when the guests are eating)

वा vâ, or

तद् tad, that (srâddha)

आनन्त्याय ânantyâya (अनन्तफलाय) infinity o unendingness. M. M. Infinite rewards.

कल्पते kalpate (संपद्यते) obtains or becomes fitted for (infinity).

तदानन्त्याय कल्पते tad-ânantyaya-kalpate. that Srâddha becomes infinite in its effect.

He who recites this upanishad, the greatest of all mysteries, at an assembly of seekers for Brahma, or, being pure, at the time of a Shrâddha, that Shrâddha creates infinite results.

VALLI IV.

MANTRA. 1.

पराञ्चि खानि व्यतृणत्स्वयम्भू
स्तस्मात्पराङ् पश्यति नान्तरात्मन् ।
कश्चिद्धीरः प्रत्यगात्मानमैक्ष
दावृत्तचक्षुरमृतत्वमिच्छन् ॥ १ ॥

अन्वयः—स्वयम्भूः (यस्मात्) खानि पराञ्चि व्यतृणत् तस्मात् (द्रष्टा) पराङ्पश्यति अन्तरात्मन् न (पश्यति) अमृतत्वमिच्छन् आवृत्तचक्षुः कश्चिद्धीरः प्रत्यगात्मानमैक्षत् ॥

पराञ्चि parânchi, (पराग् अञ्चन्ति गच्छन्ति M. पराङ्मुखानि) going outwards or forwards, M. turned away face.

खानि khâni (इन्द्रियाणि) the openings; S. M. the Senses.

व्यतृणत् or व्यतृणात् vyatrinat or ât (हिंसितवान्, हननकृतवान् M. कुत्सितानि अकरोत् ॥ तुच्छकात्करणे) injured, killed, M. made light of, treated with contempt, made them ugly or contemptible. T. S. spread out, or projected or strewn them out.

स्वयम्भूः Swayambhûh, (परमेश्वरः, स्वयमेवस्वतन्त्रो भवति सर्वदा न परतन्त्रः M. स्वयमेव भवति, स्वतन्त्रो भगवान्)

the Self-born, the Self-existent, the Supreme God. M. Or the Son of God, the Brahmâ.

तस्मात् tas-mât M. (कारणात्) therefore.

पराङ् parân (पराग् रूपान् अनात्मभूतान् शब्दादीन् M. बाह्यान् विषयान्) outside forms, non-subjective things like sound &c. M. the external objects.

पश्यति pasyati (उपलभते उपलब्धा M. जीवः) sees, experiences (the Experiencer, the Jîvah).

न na, not.

अन्तरात्मन् antar-âtman (अन्तरात्मानं M. आत्मन्=आत्मनः; स्वस्य अन्तः न पश्यति, सदा बहिर्दृष्टिरेवास्ते ॥) The Inner Self. M. The depth (or inmost receses) of his own Self.

कश्चित् Kaschit, some (strong minded persons, like swimmers against the current of a river).

धीरः dhîrah (धीमान्, , विवेकी M. ज्ञानी) wise.

प्रत्यगात्मानं pratyagâtmânam, (प्रत्यक् चासौ, आत्मा च इति प्रत्यगात्मा " प्रतीच्येवात्मशब्दो रूढो लोके नान्यस्मिन् ॥ M. प्रत्यग् अन्तः, आत्मानं, स्वान्तस्थं भगवन्तं) The Pratyagâtma, the Subjective Self. M. The Inner Self, the God within.

ऐक्षत् aikshat (अपश्यत् or पश्यति M. ईक्षते) saw (past used for Present *i. e.*) sees.

आवृत्त-चक्षुः âvritta-chakshuh (आवृत्तं व्यावृत्तं चक्षुः श्रोत्रादिक मिन्द्रियजातमशेषविषयात् यस्य स आवृत्तचक्षुः ॥ M. विषयेभ्यः परावृत्तचक्षुरादिकरणः) averted-gaze. Eyes turned away from (external objects.)

अमृतत्वम् . (अमरणधर्मत्वं, नित्यस्वभावतां M. मुक्तिं) Immortality M. liberation.

इच्छन् ichchhan, desiring.

The Self-existent turned (the current of) the senses outwards, therefore one sees external objects and not the inner Self; some tranquil minded ones see Pratyag-Atman with eyes turned inwards, desiring liberation.

MANTRA 2.

पराचः कामाननुयन्ति बालास्ते मृत्योर्यन्ति विततस्य पाशम् । अथ धीरा अमृतत्वं विदित्वा ध्रुवमध्रुवेष्विह न प्रार्थयन्ते ॥ २ ॥

अन्वयः—(ये) पराचः कामान् अनुयन्ति ते बालाः विततस्य मृत्योः पाशम् यन्ति अथ धीराः अमृतत्वं ध्रुवं विदित्वा इह अध्रुवेषु (किञ्चित्) नप्रार्थयन्ते ॥

पराचः parâchah (बहिर्गतान् M. बाह्यान्) out-going external.

कामान् kâmân (काम्यान् विषयान्) M. स्रक्-चन्दन-वनितादिविषयान् desires (desired objects, like sweets scents etc.)

अनुयन्ति anu-yanti (अनुगच्छन्ति M. अनुसृत्यतिष्ठन्ति) go after.

बालाः bâlâh (अल्पप्रज्ञाः M. अविवेकिनः) boys; children, persons of small understanding, undiscriminating.

ते te, they.

मृत्योः mrityoh (अविद्याकामकर्मसमुदायस्य) of death (*i. e.* works done for rewards and through ignorance.

यन्ति yanti (गच्छन्ति M. प्राप्नुवन्ति) go, obtain (or fall into)

विततस्य vitatasya (विस्तीर्णस्य, सर्वतो व्याप्तस्य M. बहुकालीनस्य) the spread out, all-prevading, M. the time worn or eternal M. M. wide-spread.

पाशं pâsam (पाश्यते बध्यते येन तं पाशं, देहेन्द्रियादि संयोग वियोग लक्षणं M. बंधं तत्कृतक्लेशं) the noose; (the union with and separation from body) M. bondage, and the pain thereof. M. M. snare.

अथ atha (तस्मात्) therefore.

धीराः dhirâ*h* (विवेकिनः) the wise (the tranquil.)

अमृतत्वं amritatvam, the Immortality, the moksha.

विदित्वा viditvâ (M. ज्ञात्वा) having known.

ध्रुवं dhruvam. The fixed, the stable, according to both Sankara and Madhva, this word qualifies amritatvam *i. e.* dhruvam amritatvam.

अध्रुवेषु a-dhruveshu (अनित्येषु M. वित्तादिषु विषये) in the unstable (things like wealth etc.)

इह iha, here (in this world or Sansâra.)

न na, not.

प्रार्थयन्ते prârthayante, do not ask for, or look for.

Men of small understanding go after external desires, and they *thus* fall into the wide-extended nooses of Yama, therefore, the controlled in mind, having known liberation, do not here seek for the permanent in the unstable.

MANTRA. 3.

येन रूपं रसं गन्धं शब्दान् स्पर्शांश्च मैथुनान् ।
एतेनैव विजानाति किमत्र परिशिष्यते ।
एतद्वै तत् ॥ ३ ॥

अन्वयः—येन एतेन एव (विज्ञाता) रूपं, रसं गन्धं शब्दान् स्पर्शान् मैथुनांश्च विजानाति अत्रकिं परिशिष्यते (यत्पृष्टं) तत् वै एतत् ॥

येन yena (विज्ञानस्वभावेन आत्मना M. ब्रह्मणा) by whom (according to Sankara this refers to the self, having the nature of consciousness. According to Madhva it refers to Brahman. He further says that the first-two verses of this Valli are spoken by Yama, in indirect praise of Nachiketas. This verse is spoken by Nachiketas, who interrupting Yama's complimentary speech, asks him aboutBrahman).

रूपं rûpam, form.

रसं rasam, taste.

गन्धं gandham, smell.

शब्दान् sabdân, sounds.

स्पर्शान् sparsân, touches.

च cha, and

मैथुनान् maithunân (मिथुननिमित्तान् सुखप्रत्ययान्) couplings, pairs. The perception of pleasure arising from the coming together of pairs M. M. loving (touches).

एतेन एव etena eva, by that even *i. e.* by that Self even, which is separate from the body. Madhva also reads these two words along with येन ; as येन एतेन एव ब्रह्मणा प्रेरितो "ordained by which Brahman, (one knows form &c.)" M. M. takes it as the beginning of a separate sentence. "That by which we know form &c. *by that also* we know what exists besides."

विजानाति vijânâti (विस्पष्टं जानाति) knows, perceives.

किमत्र परिशिष्यते kim atra pari-sishyate; lit. What here remains. According to S. (आत्मनो ऽविज्ञेयं किमत्र अस्मिन् लोके परिशिष्यते ? न किंचित् परिशिष्यते । सर्वमेव तु आत्मना विज्ञेयं) "Does anything remain unperceived by the Atmâ in this world? Nothing remains. All verily are known to the Self." According to Madhva (येन एतेनैव ब्रह्मणा प्रेरितो रूपादीन् विजानाति तदेतत् जीवप्रेरकं ब्रह्म अत्र जीवे परिशिष्यते । मुक्तजीवप्रेरकत्वेन आस्ते किम् इति प्रश्नार्थः "Became by the command of Brahman the Jîva perceives form &c. while alive; does that Brahman remain *here* (even after liberation) as controller of the Jîvanmukta?"

एतद् वै तत etat vai tat; lit. "This verily That." M. this is the reply of Yama.

By whom (one perceives) form, taste, and smell, sound, touch and love, even by that he knows (everything else.) Does that (individualised consciousness) remain here (in moksha)? yes: This verily is so.

MANTRA 4.

स्वप्नान्तं जागरितान्तञ्चोभौ येनानुपश्यति ।
महान्तं विभुमात्मानं मत्वा धीरो न शोचति ॥ ४ ॥

अन्वयः—लोकः येन स्वप्नान्तं जागरितान्तञ्च उभौ अनुपश्यति धीरः (तं) महान्तं विभुं आत्मानं मत्वा न शोचति ॥

स्वप्नान्तं svapnântam (स्वप्नमध्यं, स्वप्नविज्ञेयं सुषुप्तिं) lit. dream-end. S. in the dream, dream consciousness. M. the Sushupti.

जागरितान्तं jâgaritântam, (जागरितमध्यं जागरितविशेषं च M. स्वप्नं) lit. Waking-end. S. In waking consciousness. M. Dream.

च cha, and.

उभौ ubhau, both (S. waking and dreaming M. Dreaming and Sushupti.)

येन yena (आत्मना M. प्रेरितो) by whom (S. by what Self M. by whose command)

अनुपश्यति anu-pasyati (लोकः M. जीवः) Sees (the Jîva.)

महान्तं mahântam &c. The same as in II. 22.

Both transcending the state of Swapna and transcending the state of Sushupti that by which both (these states) are seen (that centre of consciousness verily remains even in Moksha.) The wise having known that Self as great and all-pervading, does not grieve.

MANTRA. 5.

य इमं मध्वदं वेद आत्मानं जीवमन्तिकात् ।
ईशानम्भूतभव्यस्य न ततो विजुगुप्सते ।
एतद्वै तत् ॥ ५ ॥

अन्वयः—यः इमम् मध्वदं आत्मानं जीवं अन्तिकात् भूत भव्यस्य ईशानं वेद तत् (सः) न विजुगुप्सते (यत्पृष्टं) तत् वै एतत् ॥

यः yah (कश्चित् M. अधिकारी) who.

इमम् imam, or इदम् idam, this.

मध्वदं madhv-adam, lit. honey-eater (कर्मफलभुजं जीवं M. मधु सुखं अत्ति इति मध्वदः तं ॥ अण् प्रत्ययः ॥ देहे स्थितस्य । चारभोक्तारं) the experiencer of the fruit of action, the jîva. M. The drinker (or enjoyer) of honey(or pleasure) ; the experiencer of the essence in the body.

वेद veda, (विजानाति or जानाति) knows.

आत्मानं âtmânam, the Atma.

जीवं jîvam (प्राणादि कलापस्य धारयितारं) the Jîva.

अन्तिकात् antikât (अन्तिके, समीपे M. जीवसंनिकाशात्=जीवसमीपे, तद् नियामकतया स्थितं) near, close by ; M. always near the jîva, as its controller.

ईशानं Isânam ईशितारं M. प्रेरकं) Lord or Ruler or Director.

भूत-भव्यस्य bhûta-bhavyasya (कालत्रयस्य M. भूत भाविनः) of Past and Future (of the Three Times.)

न na, not.

ततः tatah (तद् विज्ञानाद् ऊर्ध्वं आत्मानं न विजुगुप्सते M. आत्मनो नियामकतया ज्ञातत्वात्) there after (i. e. after such knowledge. M. after knowing that Ishvara is the Ruler of the Atmâ)

विजुगुप्सते vi-jugupsate (गोपायितुं इच्छति, अभयप्राप्तत्वात् M. आत्मानं रक्षितुं नेच्छति भगवानेव सदा सर्वत्र रक्षकः मा आस्ते इति ज्ञात्वा स्वात्म रक्षार्थं न प्रयतते) wishes to protect. M. M. fears. S. knowing the Atman, he no longer seeks to save his soul, feeling that he is ever-saved. M. Does not seek to protect his self, fully trusting in the Lord, who always, and everywhere protects him ever.

एतद् वै तद् etad vai Tat. This verily That.

Who knows this Supreme Lord, the Ruler of the Past and Future as always standing near the Jîva the experiencer, he, therefore, does not fear. This verily is that.

MANTRA 6.

यः पूर्वन्तपसो जातमद्भ्यः पूर्वमजायत ।
गुहां प्रविश्य तिष्ठन्तं यो भूतेभिर्व्यपश्यत ।
एतद्वै तत् ॥ ६ ॥

अन्वयः—यः अद्भ्यः पूर्वं अजायत पूर्वं तपसोजातं गुहां प्रविश्यभूतेभिः (सह) तिष्ठन्तं तं यो व्यपश्यत (सः) तत् एतत् वै पश्यति

यः yah (कश्चिन् मुमुक्षुः M. भगवान्) who (the Desirer of Liberation. M. The God.)

पूर्वं pûrvam (प्रथमं) first M. before.

तपसः tapasah (ज्ञानादि लक्षणाद् ब्रह्मणः M. यो भगवान् अजातं पूर्वं = अजातं चतुर्मुखं ; तपसः तपोनामकात् शिवात् पूर्वं ; अद्भ्यः = अप्नामकेभ्यो भूतेभ्यश्च पूर्वं, अजायत = अजनयत्) from Tapas M. before Shiva (S. from Brahman, possessing knowledge etc. M. The God, who begot first the unborn (Brahmâ), before the Tapas (Shiva), and before the waters (the material universe or T. S. Vishnu.)

जातम् jâtam or अजातं ajâtam (उत्पन्नम्, हिरण्यगर्भं M. reads it as अजातं and explains it as चतुर्मुखं the four-faced Brahmâ) born M. The un-born (Brahmâ.)

अद्भ्यः adbhyah (अपुसहितेभ्यः पंचभूतेभ्यः M. अप्नामकेभ्यो भूतेभ्यः) from the waters (elements or the five atomic planes of the cosmos.)

अजायत ajâyata (उत्पन्नो यः M. अजनयत्) was born M. who produced or caused to be born.

गुहां guhâm (हृदयाकाशं M. हृदयगुहां) in the cavity (of the heart.)

प्रविश्य pravisya, entering.

तिष्ठन्तं tishthantam (शब्दादीन् उपलभमानं) stays there M. M. abides therein. S. who perceives sounds etc.

यः yah, who.

भूतेभिः bhûtebhih (कार्यकारणलक्षणैः सहतिष्ठन्तं M. स्वात्मानं भूतैः सह विशेषेण पश्यति) with the elements. S. who abides with these materials, having the property of cause and effect. M. who perceives his Self along with these elements. M. M. was perceived from the elements.

व्यपश्यत vy-apasyata or ति॰=ti (पश्यति य एवं पश्यति स एतदेव पश्यति यत् तत् कृतं ब्रह्म । M. विशेषेण पश्यति । अडागमः छान्दसः) was perceived. S. M. perceives.

एतद्वैतत् etad vai tat. This is that.

He who sees the First born (Hiranyagarbha) who manifests himself before Shiva and the cosmos, sees Brahman, (for no one can see the Father but the Son: the highest perception is of the ûnborn, the First—begotten—beyond Him consciousness ceases.) As a man who sees a golden ring knows gold, so he who sees the Womb-of Light, sees the Light.

He who first produced the unborn one (Brahmâ) before the Lord of tapas (Shiva) and the Waters (Vishnu) concealed in the cavity and abiding therein, *perceives* all things through the elements. This is that. (Spirit is the Perceiver or the consciousness pole of creation.)

MANTRA 7.

या प्राणेन सम्भवत्यदितिर्देवतामयी ।
गुहां प्रविश्य तिष्ठन्तीं या भूतेभिर्व्यजायत ।
एतद्वै तत् ॥ ७ ॥

अन्वयः—या देवतामयी प्राणेन सम्भवति या भूतेभिः व्यजायत* गुहां प्रविश्य तिष्ठन्तीं तां (येः अपश्यन्त सः) तत् एतत् वै (पश्यति) ॥

या yâ, who, (भगवत् तनुः) M. which (body of God.)

प्राणेन prâ*n*ena (हिरण्यगर्भरूपेण मुख्य वायुना सह) with the Prâ*n*a the Hiranyagarbha of the last verse, the Sprit.

संभवति sam-bhavati, arises along, or is born; co-born or

संविशति sam-visati, (तिष्ठति) enters or abides with.

अदितिः aditi*h* (शब्दादीनाम् अदनात् M. अदनात् सर्वजगत्भक्षणात्) The Aditi, (the eater (or percipient of sound &c. or M. the destroyer of the whole universe.) Infinite (Matter)

देवतामयी devatâ-mayî (सर्वदेवात्मिका M. सर्वदेवोत्तमा । मयट् प्राचुर्यार्थे M. M. with all dieties. M. the best of all dieties. T. S. Full of divinity (or Celestial Powers.)

गुहां प्रविश्य तिष्ठन्तीं guhâm pravisya *t*ish*th*antîm entering into the heart (cavity), abides therein.

या yâ, who or M. what body of the God.

भूतेभिः bhûtebhi*h* S. भूतैः समन्विता M. (प्राणिभिः सहव्यजायत) with the elements.

व्यजायत vyajâyata (उत्पन्ना M. विविधतया जनयामास) arose, M. who produced in manifold ways; who manifested Herself in the forms of Fish-Avatâra &c. and produced all living beings.

एतद् वै तत् etad vai tat. This is That.

She who is co-born with the spirit, She the Infinity full of Divinity, concealed in the cavity of the heart and abiding therein, MANIFESTS herself *also* in the elements. This is that. (Matter or Aditi is the *form* side or pole of creation—manifestation is from matter).

MANTRA. 8.

अरण्योर्निहितो जातवेदा गर्भ इव सुभृतो गर्भिणीभिः ।
दिवे दिव ईड्यो जागृवद्भिर्हविष्मद्भिर्मनुष्येभिरग्निः ।
एतद्वैतत् ॥ ८ ॥

अन्वयः—गर्भिणीभिः गर्भसुभृत इव अरण्योः निहितः (यः) जातवेदाः अग्निः जागृवद्भिः मनुष्येभिः दिवे दिवे ईड्यः एतत् वै तद्ब्रह्म ॥

अरण्योः ara*n*yo*h* (उत्तराधरारण्योः M. अर is derived from the verb ऋ 'to go' by the affix अ causing gu*n*a अरः=प्रापणानः ; णः=गुणरूपोहरिः, ताभ्यां गुरुशिष्याभ्यां तौ गुरुशिष्यौ अरणी । समासान्त इकारः ॥ अरण्योः=गुरुशिष्ययोः) between the Ara*n*is or "fire-sticks." M. This word is a compound of अर and ण ॥ The final इ is Samâsânta affix. It means the Guru and Sishya—" the Master and the Disciple "

निहितः nihita*h* (स्थितः M. नितरां स्थितः) placed, concealed.

जातवेदाः Jâta-vedâh (अग्निः M. जातं सर्वं वेत्ति इति जातवेदाः ॥ सर्वज्ञं हरिः) The Jâta—vedâ, the Fire. M. The knower of all ; the omniscient Hari.

गर्भः garbhah, womb, *i. e.* the child in the womb.

इव iva, like

सुभृतः subhritah (सुष्ठु सम्यक् भृतो लोके M. सम्यक् धृतः) well-guarded, well held.

गर्भिणीभिः garbhinîbhih (अन्तर्वत्नीभिः, अगर्हित-अन्न-पान-भोजनादिना यथा गर्भं सुभृतः M. स्त्रीभिः) by the mothers, pregnant women M. by women.

दिवे दिवे dive dive (अहनि अहनि M. प्रतिदिनं) day by day, M. every day.

ईड्यः îdyah (स्तुत्यः, वन्द्यः) praised, worshipped.

जागृवद्भिः jâgrivadbhih, (जागरणशीलवद्भिः, अप्रमत्तैः, M. भगवद् ज्ञानवद्भिः) by the waking ; by persons who are not heedless M. by the knowers of the Lord.

हविष्मद्भिः havishmadbhih (आज्यादिमद्भिः, ध्यानभावनावद्भिः M. यज्ञयाजनवद्भिः) by the offerers of oblations, by the persons fixed in dhyâna or meditation M. by performers of Sacrifice.

मनुष्येभिः manushyebhih (मनुष्यैः) by the men

अग्निः Agni, (M. अदनादग्निनामा हरिः) the Agnih (M. The God.)

The All—knower is concealed between the Guru and Sishya : like as *the child* in the womb is well guarded by the mother; daily is *this* Agni adored by men who are awake *and* who offer *it* sacrifices. This verily [is] That.

MANTRA. 9.

यतश्चोदेति सूर्य्योऽस्तं यत्र च गच्छति ।
तन्देवाः सर्व्वेऽर्पितास्तदु नात्येति कश्चन ।
एतद्वै तत् ॥ ९ ॥

अन्वयः—सूर्यः यतः च उदेति यत्र च अस्तं गच्छति तं सर्वे देवाः अर्पिताः (प्रवेशिताः) कश्चन तद् (ब्रह्म) उ न अत्येति तद्ब्रह्म एतत् वै ॥

यतः yatah यस्मात् प्राणात् सृष्टिकाले यस्मात् उदेति) from which Prâna M. from which (God, the Sun arises at the time of creation.)

च cha, and.

उदेति udeti (N. उत्तिष्ठति) arises M. takes birth or comes out.

सूर्यः Sûryah, the Sun.

अस्तं astam (निम्लोचनं M अदर्शनं) setting, M. vanishing i. e. in which God, the Sun is absorbed at Pralaya.

यत्र च yatra cha (यस्मिन्नेव प्राणे च अहनि अहनि गच्छति M. यस्मिंश्च हरौ प्रलयकाले अदर्शनं गच्छति) and where (in which Prâna it daily sinks) M. In which (God it vanishes at Pralaya.)

गच्छति gachchhati, goes.

तं tam (प्राणं, आत्मानं) Him (the Prana, the Self) M. The God Hari.

देवाः सर्वे devâh sarve अग्न्यादयोऽधिदैवं, वागादयश्च अध्यात्मं, सर्वे= विश्वे; अराः इव रथ नाभौ) all Devâs, (whether cosmic, as Fire &c.; or micro-cosmic, as Speech &c.

अर्पिताः arpitâh (संप्रवेशिताः स्थितिकाले M. तं आश्रित्य स्थिताः) are contained, are fixed (as the spokes are fixed in the nave, so all Divinities are fixed in and supported by that Hari, from whom arises even Solar Logos.)

तदु उ tad u तदेतत् सर्वात्मकं ब्रह्म M. तं) Him, verily.

न na, not.

अत्येति atyeti (अतीत्य, M. अतिक्रामति) surpasses, goes beyond.

कश्चन kaschana, (कश्चिदपि M. कोऽपि) any one.

एतद्वै तत् etad vai tat. This is that.

(That Brahma) from whom Sûrya arises and in whom it merges, in Him all the Gods are contained. No one verily can go beyond Him. This is that.

MANTRA. 10.

यदेवेह तदमुत्र यदमुत्र तदन्विह ।
मृत्योः स मृत्युमाप्नोति य इह नानेव पश्यति ॥ १० ॥

अन्वयः—यत् एव इह तत् अमुत्र तत् इह अनु (विभाव्यमानं) यः इह नाना इव पश्यति सः मृत्योः मृत्युं आप्नोति ॥

यत् yat, what.

एव eva, even.

इह iha, here (M. देहादिषु)

तद् tad, that.

अमुत्र amutra, there (M. वैकुण्ठादिलोकेषु मूलरूपतया आस्ते)

यद् yat, what.

अमुत्र amutra (मूलरूपमस्ति) there (as Arche-type)

तद् अनु tat anu (तदेव) that verily.

इह iha, here.

मृत्योः mrityoh (मरणात् M. मारकात्) from Death.

स sa, he.

मृत्युं mrityum (मरणं, पुनः पुनः जननमरणभावं M. मरणं तमो लक्षणं) to death (the round of birth and deaths) M. The death, as Tamas.

आप्नोति âpnoti (प्रतिपद्यते M. प्राप्नोति) obtains.

यः yah, who.

इह iha, here.

नाना nânâ, many, difference.

इव iva, as if.

पश्यति pasyati, sees.

That which *is* even here, the same *is* there; what *is* there, that verily *is* here. From Yama he obtains mortal things, who beholds *this* here with difference.

MANTRA. 11.

मनसैवेदमाप्तव्यन्नेह नानास्ति किञ्चन ।
मृत्योः स मृत्युङ्गच्छति य इह नानेव पश्यति ॥ ११ ॥

अन्वयः—इदम् मनसा एव आप्तव्यं इह किञ्चन नाना न अस्ति यः इह नाना इव पश्यति स मृत्योः मृत्युं गच्छति ॥

मनसा manasâ (आचार्यागम संस्कृतेन मनसा M. मनन समर्थेनैव अन्तः करणेनैव) by mind (purified by instruction and yoga) M. by the reflective mind or anta*h* kara*n*a.

एव eva, alone, even.

इदम् idam, (ब्रह्मैकरसं M. रूपादिषु भेदादिकं न इत्येतद् प्रमेयं) this (Homogenous Brahman), M. this (fact

	that there is no difference in essence, though the forms be different). (Brahma) or this (knowledge).
आप्तव्यं	âptavyam (M. ज्ञातव्यं) can or may be obtained or M. known.
न	na, not
इह	iha (ब्रह्मणि) here (in the Brahman) M. (ब्रह्मरूपे अवतारकरूपेषु वा) M. in the Archetypal form, or in the lower plane forms.
नाना	nânâ (M. भिन्नं) difference, many.
अस्ति	asti, is
किंचन	kimchana (अणुमात्रमपि M. गुणकर्मादिभिः) any,
मृत्योः	mrityoh, from Death.
स	sa, he
मृत्युं	mrityum, to death.
गच्छति	gachchhati, he goes.
यः इह नाना	इव पश्यति yah iha nânâ iva pasyati, who here difference like sees.

Even through the mind can this *knowledge* be obtained that there is no difference whatsoever here. From death to death he goes who beholds *this* here with difference.

MANTRA 12.

अङ्गुष्ठमात्रः पुरुषो मध्य आत्मनि तिष्ठति ।
ईशानो भूतभव्यस्य न ततो विजुगुप्सते ।
एतद्वै तत् ॥ १२ ॥

अन्वयः — आत्मनि मध्ये भूतभव्यस्य ईशानः अङ्गुष्ठमात्रः पुरुषः तिष्ठति (यः वेद सः) ततः न विजुगुप्सते एतत् वै तत् (ब्रह्म) ॥

अङ्गुष्ठमात्रः angushtha-mâtrah (अंगुष्ठ-परिमाणः) (of the) measure of the thumb. S. The heart of every creature is of the size of its own fist (thumb). The Jîva in the causal body or auric egg (antah-karana-upâdhi) is said to have this size. M. This particular measure of the Immeasurable is given for the facility of meditation only

पुरुषः purushah (पूर्णमनेनसर्वं) the Purusha (the Man or the all pervader), the Person.

मध्ये आत्मनि madhye âtmani (शरीरे M आत्मनो देहस्य जीवस्य वा मध्ये हृदये) in the midst of the self (Atman here means "body") M. In the heart (madhye = heart) of the Self or Jîvas.

तिष्ठति tishthati, is, stands, stays.

ईशानः îsânah &c. The same as in IV. 5.

Who so knows the Purusha, (Brahma) of the measure of a thumb *as* dwelling in the middle of the Atma, the ruler of the Past and Future, he therefore does not fear. This is that.

MANTRA. 13.

अङ्गुष्ठमात्रः पुरुषोज्योतिरिवाधूमकः ।
ईशानो भूतभव्यस्य स एवाद्य स उ श्वः ।
एतद्वै तत् ॥ १३ ॥

अन्वयः भूत भव्यस्य ईशानः अधूमकः ज्योतिरिव अङ्गुष्ठमात्रः पुरुषः स एव अद्य (वर्तते) स उ श्वः (वर्तिष्यते) एतत् वै तत् (ब्रह्म) ॥

अंगुष्ठ-मात्रः पुरुषः angushtha-mâtra purushah, the person of the size of a thumb.

ज्योतिः jyotih, light.

इव iva, like.

अधूमकः adhûmakah (M. निर्मलः) smoke-less, M. pure.

ईशानः भूत भव्यस्य (same as in the last) Lord of the Past and the Future.

सः sa, He.

एव eva, even.

अद्य adya (इदानीं) to-day.

सः sa, He.

उ u, verily.

श्वः *svah*, to-morrow.

The Purusha, of the measure of a thumb, like to a smokeless fire, *is* the Lord of the Past and Future; He *is* verily to-day *and He will be* so to-morrow.

MANTRA 14.

यथोदकन्दुर्गे वृष्टम्पर्व्वतेषु विधावति ।

एवं धर्म्मान् पृथक् पश्यंस्तानेवानुविधावति ॥ १४ ॥

अन्वयः—यथा दुर्गे वृष्टं उदकं पर्वतेषु विधावति एवं धर्मान् पृथक् पश्यन् जन्तुः तान् एव अनु विधावति ॥

यथा yathâ, as.

उदकं udkam, water.

दुर्गे durge (दुर्गमे देशे, उच्छ्रिते, उन्नते M. पर्वतभागे शिखरे) on the inaccessible (summit), mountain-ridge.

वृष्टं vrishtam (सिक्तं) rained, fallen.

पर्वतेषु parvateshu (पर्वतवत्सु निम्नप्रदेशेषु) M. reads it as (पर्वतेषु दुर्गे) in the hills (the lower mountain valleys) M. M. the rocks.

विधावति vidhâvati (विकीर्णं सत् विनश्यति M. अधो विविधतया धावति गच्छति) runs down or spreads out in different directions.

एवं evam, thus.

धर्मान् dharmân (आत्मनो भिन्नान् M. विष्णो र्धर्मान्) all dharmas (different from the self.) M. all (Vishnu) qualities.

पृथक् prithak (पृथगेव प्रतिशरीरं M. आत्मस्वरूपाद्भिन्नत्वेन वा भेदेन) separate (in every body).

पश्यन् pasyan, (जानन्) seeing, knowing.

तान् tân एव eva (शरीरभेदानुवर्तिनः M. भेदेनयुक्तान्) them even.

अनु anu (M. अनु दर्शनानन्तरमेव) after (seeing that.)

विधावति vi-dhâvati (तमः प्राप्नोति) runs on all sides, i. e. gets embodied state again and again. M. obtains the Tamas.

As water falling on an inaccesible mountain runs down among the hills, thus, seeing qualities as separate, a man runs after them by many ways.

MANTRA. 15.

यथोदकं शुद्धे शुद्धमासिक्तन्तादृगेव भवति ।
एवम्मुनेर्विजानत आत्मा भवति गौतम ॥ १५ ॥

अन्वयः—यथा शुद्धं उदकं शुद्धे आसिक्तं तादृक् एव भवति हे गौतम एवं (उदकवत्) विजानतः मुनेः आत्मा (तादृक् एव) भवति ॥

यथा उदकं yathâ udakam, as water.

शुद्धे suddhe (प्रसन्ने) in the pure.

शुद्धं suddham (प्रसन्नं) pure.

आसिक्तं âsiktam (प्रक्षिप्तं M. स्थापितं) poured (into)

तादृक् एव tâdrik eva (एक रसमेव न अन्यथा M. न तु तदेव, वृद्धि दर्शनात्) like that (one homogenous essence; without any difference.) M. like that (but not *identically* that; because we see that the bulk of the water is increased).

भवति bhavati, becomes.

एवं evam, so.

मुनेः muneh (मननशीलस्य M. मुनीनां) of the sage, the thinker.

विजानतः vijânatah (विजानतां) the knowing.

आत्मा atmâ (M. स्वामी चतुर्मुखः एवं भवति । भगवत् सदृश एव भवति, न तु तदैक्यं आप्नोति) the self (becomes four-faced *like* Vishnu, but does not become *identical* with him.)

भवति bhavati, becomes.

गौतम Gautama, O Gautama ! *i. e.* O Nachiketas !

As pure water poured into pure water becomes like that, O Gautama; so the Atma of the Muni who knows becomes like that (with Brahma).

VALLI V.

MANTRA. 1.

पुरमेकादशद्वारमजस्यावक्रचेतसः ।
अनुष्ठाय न शोचति विमुक्तश्च विमुच्यते ।
एतद्वै तत् ॥ १ ॥

अन्वयः—(यस्य) अवक्रचेतसः अजस्य एकादशद्वारं पुरं (तं) अनुष्ठाय न शोचति (पुरुषः) मुक्तः च विमुच्यते एतत् वै तत् ॥

पुरं puram (शरीरं M. देहं) city (the body).

एकादश-द्वारं ekâdasa-dvâram (सप्तशीर्षण्यानि नाभ्या सहार्वाञ्चि त्रीणि शिरस्येकं M. श्रोत्रद्वयं चक्षुर्द्वयं नासाद्वयं मुखं पायूपस्थे मनो बुद्धी) eleven-gated (M. Nine in the physical body, Manas and Buddhi making up the eleven.)

अजस्य ajasya (आत्मनः, जन्मादि विक्रियारहितस्य M. भगवतः) of the unborn (of the Atman. M. of the Bhagavân the Lord).

अवक्रचेतसः avakra-chetasah (अवक्रं=अकुटिलं, एकरूपं, चेतः= विज्ञानं अस्य, इति अवक्रचेताः, तस्य राजस्थानीयस्य ब्रह्मणः) of the non-crooked-hearted. M. M. whose thoughts are never crooked.

अनुष्ठाय anushthâya (यस्य इदं पुरं तं परमेश्वरं पुरस्वामिनं) अनुष्ठाय=ध्यात्वा ॥ M. भगवतः संबन्धिनं तदधीनं अनुष्ठाय= भगवदधीनतया निश्चित्य भजता स्वात्मनो न शोचति) S. having meditated (upon Him the Lord of the city) M. having firmly settled (in his mind that he is under the control of God) M. M. He who approaches it.

न शोचति na sochati, he does not grieve.

विमुक्तः च विमुच्यते vimuktah cha vimuchyate (इहैव अविद्याकृत काम कर्मबन्धनैर्विमुक्तो भवति । विमुक्तश्च सन् विमुच्यते पुनः शरीरं न गृह्णाति ॥ M. देहादिभिमानाभावेन पंजरस्य तत्कृत क्लेशशून्यतया प्रागेव विमुक्तोऽपरोक्षज्ञानी इत्यपरोक्षज्ञान देहादिपातात् प्रारब्धावसाने नितरां विमुच्यते । मुक्त्वा विमुक्तिमान् भवति ॥) and freed (even while living) becomes free (totally after death, *i. e.,* he is not born again.) M. M. and liberated (from all bonds of ignorance) becomes free.

Having meditated on the unborn, true minded Lord of the eleven-gated city, a *man* does not grieve, but *becoming* Jîvan-mukta he is *thus* liberated.

MANTRA. 2.

हंसः शुचिषद्वसुरन्तरिक्षसद्धोता वेदिषदतिथिर्दुरोणसत् ।
नृषद्वरसदृतसद्व्योमसदब्जा गोजा ऋतजा अद्रिजा ऋतम्बृहत् ॥ २ ॥

अन्वयः—(आत्मा) हंस शुचि षद् वसुः अन्तरिक्ष सद् होता वेदिषद् अतिथिः दुरोणसद् नृषद् वरसद् ऋतसद् व्योमसद् अब्जाः गोजाः ऋतजाः अद्रिजाः ऋतम् बृहत् ॥

हंसः hamsah. Swan. S. The Goer or mover. M. Free from faults and the essence of all. (हन्ति गच्छति M. The word हंसः is a compound of हं and सः । 'Ham' is derived from the root ओहाक् त्यागे, by adding the affix डमु । There is elision of the final syllable. The word सः is derived from सार by the elision of the final र, and shortening the long आ । हं त्यक्तो दोषसमुदायो. स च सार रूपश्च इति हंसः) ॥

शुचिषद् suchi-shad (शुचौ=दिवि, सीदति=षद् M. शुचौ=वायौ, अग्नि, इति वायुस्थः) dwelling in the Pure (sky or Air.) According to Madhva शुचिषद् is formed by adding to the noun suchi the verb सद् 'to be'

The affix उच् is added; the च of उच् is elided, and we have वसु, and स is then changed to स ॥

वसुः vasu*h* (वासयति सर्वान्=वसुः ॥ M. वं=वरं, सु=सुखं, यस्य स वसुः ॥ The र of वरं is elided) Vasu, who makes all to dwell. M. The best and the joy, S. The Vâyu or Wind.

अन्तरिक्षसद् antariksha-sat (अन्तरिक्षे सीदति M. अन्तरिक्षगः) dwelling in the firmament. M. moving in the firmament or sky.

होता hotâ, the sacrifice. S. The fire M. The presiding diety of the senses. (अग्निः M. From the root हु दानादानयोः is formed होतृ by adding the affix तृच् ॥ जुहोति अवदाति विषयान् अति, अनुभवति इति, इन्द्रियादिवर्गः) ॥

वेदिषद् vedi-shat (वेद्यां पृथिव्यां सीदति M. वेद्यां पृथ्व्यां गच्छति) dwelling in Vedi or Earth.

अतिथिः atithi*h* (सोमः M. It is a compound of अति " much" and थं " food ". अतिशयितं अन्नं यस्य सोऽतिथिः, स एवातिथिः) guest. S. Soma M. the rich in food : the wealthy.

दुरोणसद् duro*n*a-sat (दुरोणे कलशे सीदति M. ब्राह्मणस्वरूपेण गृहे कलशे तिष्ठति इति) dwelling in the jar. Or the Brâhmana guest dwelling in the houses. In this case, duro*n*a means " house."

नृषद् nri-shat (नृषु मनुष्येषु सीदति M. नृषु गच्छति इति नृषत्) dwelling in men.

वरसद् vara-sat (वरेषु देवेषु सीदति M. वसादि देवेषु गच्छति) dwelling in the Devas or Gods.

ऋतसत् rita-sat (ऋतं सत्यं यज्ञो वा तस्मिन् सीदति M. ऋते यथार्थे रूपे वेदे वसति) dwelling or existing in Truth or Veda.

व्योमसत् vyoma-sat (व्योम्नि आकाशे सीदति M प्रकृतिस्थः । व्योतं यस्यां जगत् इति जगदाधारत्वात् श्रीः व्योमेति उच्यते ।) dwelling or existnig in space. M. existing in Prakriti Vyoma is the name of Shrī—she in whom the whole universe is weaved (vyota).

अब्जाः abjāh (अप्सु शङ्खशुक्तिमकरादिरूपेण जायते M. अप्सु जायन्ते इति अब्जानि, तेषु आस्ते इति अब्जाः । अब्जशब्दोपपदात् आस्तेः क्विप् मध्ये वकारस्य लोपे विभक्तौ सवर्णदीर्घे च अब्जाः इति भवति) water-born (like conch, shells, etc.) M. He who dwells or exists in the water-born creatures.

गोजाः gojāh (गवि पृथिव्यां व्रीहियवादिरूपेण जायते M. गोषु जातेषु आस्ते), Cow-born. S. Earth-born (like wheat etc.). M He who exists in the cow-born.

ऋतजाः ritajāh (यज्ञाङ्गरूपेण जायते M. ऋतेषु भगवन्तं प्राप्तेषु मुक्तेषु इति तावत् तेषु जातानि ज्ञानादीनि तत्र आस्ते) Truth-born. S. born of sacrificial part. M. He who dwells in the wisdom etc. of the liberated.

अद्रिजाः adrijāh (पर्वतेभ्यो नद्यादिरूपेण जायते M. अद्रिषु जातेषु आस्ते) Mountain-born. Rivers etc. born of mountains. M. He who is in the mountain born.

ऋतं ritam (अवितथस्वभावः M. मुख्यतो वेदप्रतिपाद्यः) Truth M. That which is principally established by the Vedas.

बृहत् brihat (महान् सर्वकारणत्वात् M. पूर्णगुणत्वात्) The Great.

That dwells as Hamsa in the pure heaven, as Vasu it dwells in the Antariksha, as the sacrificer it dwells near the altar, as a guest it dwells in the houses: (or vessels of food.) It moves in men, it dwells in the Gods, it lives in Truth, existing in space; it is (as the fish) in the waters, (as the trees) that grow on earth, it is the knowledge *that* the Vedas *reveal*, and *like the rivers that* come from the mountain. It is the Great Truth.

MANTRA. 3.

ऊर्ध्वं प्राणमुन्नयत्यपानं प्रत्यगस्यति ।
मध्ये वामनमासीनं विश्वेदेवा उपासते ॥ ३ ॥

अन्वयः—(यः) प्राणं ऊर्ध्वं उन्नयति अपानं प्रत्यक् अस्यति मध्ये आसीनं वामनं (तं) विश्वेदेवाः उपासते ॥

ऊर्ध्वं ûrdhvam (हृदयात् M. ऊर्ध्वं नासिकया प्रेरयति) up (above the heart.)

प्राणं prânam (प्राणवृत्तिं वायुं M. प्राणवायुं) Prâna-vâyu.

उन्नयति unnayati (ऊर्ध्वं गमयति M. प्रेरयति) sends up, takes up.

अपानं apânam, the Apâna-vayu.

प्रत्यक् pratyag (अधः) down, or back.

अस्यति asyati (क्षिपति M. प्रेरयति) throws, sends.

मध्ये madhye (हृदयपुण्डरीकाकाशे M. हृदि) in the middle. S.: in the ether of the lotus of the heart. M. In the heart.

वामनं Vâmanam (संभजनीयं) the dwarf. S. The adorable. M. The Person of the size of the thumb mentioned above.

आसीनं Âsinam, sitting or is seated.

विश्वे visve (सर्वे) all.

देवाः devâh, Gods S. The senses like sight.

उपासते upâsate, worship.

He leads the Prâna upwards, He throws Apâna down, in the midst *of the body* sits *this* adorable one, and all the Gods sit round *Him*.

MANTRA 4.

अस्य विस्रंसमानस्य शरीरस्थस्य देहिनः ।
देहाद्विमुच्यमानस्य किमत्र परिशिष्यते ।
एतद्वै तत् ॥ ४ ॥

अन्वयः—अस्य शरीरस्थस्य देहिनः विस्रंसमानस्य देहात् विमुच्य मानस्य अत्र किं परिशिष्यते तत् वै एतत् ॥

अस्य asya (शरीरस्थस्य आत्मनः) of this

विस्रंसमानस्य vi-sramsamânasya (अवस्रंसमानस्य भ्रंशमानस्य M. स्थूलं देहं त्यजतः) being torn away, leaving the dense body.

शरीरस्थस्य sarîrasthasya, of the dweller in the body

देहिनः dehinah (देहवतः) of the embodied.

देहात् dehât (M. सूक्ष्मदेहात्) from the (subtle) body.

विमुच्यमानस्य vi-muchya mânasya, being freed.

किम् अत्र परिशिष्यते kim atra parisishyate, what remains here.

What remains when this soul, the dweller in the body, goes out and is freed also from the subtle body? That is that.

MANTRA. 5.

न प्राणेन नापानेन मर्त्यो जीवति कश्चन ।
इतरेण तु जीवन्ति यस्मिन्नेतावुपाश्रितौ ॥ ५ ॥

अन्वयः—कश्चन मर्त्यः न प्राणेन जीवति न अपानेन जीवति इतरेण तु सर्वे जीवन्ति यस्मिन् एतौ (प्राणापानौ) उपाश्रितौ ॥

न प्राणेन na prânena, not by Prâna.

न अपानेन na apânena, not by Apâna.

मर्त्यः martyah (मनुष्यः) the mortal.

जीवति jîvati, lives.

कश्चन kaschana, any one.

इतरेण itarena (केवल प्राणादि विलक्षणेन) by the other.

तु tu, but.

जीवन्ति jîvanti, they live.

यस्मिन् yasmin, in whom.

एतौ etau, both these (Prâna and Apâna).

उपाश्रितौ upâsritau. M. M. repose.

Not by Prâna, not by Apâna does any mortal exist, but another do they live, on whom both these depend.

MANTRA. 6.

हन्त त इदं प्रवक्ष्यामि गुह्यं ब्रह्म सनातनं ।
यथा च मरणं प्राप्य आत्मा भवति गौतम ॥ ६ ॥

अन्वयः—हन्त इदं सनातनं गुह्यं ब्रह्म ते प्रवक्ष्यामि हे गौतम आत्मा मरणं प्राप्य च यथा भवति (तथा शृणु) ॥

हन्त hanta, well then.

ते te, to thee (तुभ्यं)

इदं idam, this.

प्रवक्ष्यामि pra-vakshyâmi, I shall tell.

गुह्यं guhyam, (गोप्यं) mystery.

ब्रह्म Brahma, the Brahman.

सनातनं sanâtanam, (चिरन्तनं) the old, the ancient.

यथा yathâ, how.

च cha, (not in Madhva) and.

मरणं maranam, Death. T. S. अमरणं=death-less-ness.

प्राप्य prápya. reaching.

आत्मा âtmâ, the Atmâ or M. The Jîvâtmâ.

भवति bhavati, becomes.

गौतम Gautama, O Gautama.

Madhva: आत्मा जीवः, मरणं प्राप्य यथा भवति तच्च प्रवक्ष्यामि जीवेश भेदज्ञापनाय इत्यर्थः ॥ Atmâ means Jîva: I shall tell thee also how the Atma falls into the state of Jîva i.e. how it reaches mortal condition. This shows that there is difference between the Jîva and the God.

And now this mysterious ancient Brahma I shall tell to thee, so that by reaching deathlessness, he becomes Atma, (alone) O Gauṭama.

MANTRA. 7.

योनिमन्ये प्रपद्यन्ते शरीरत्वाय देहिनः ।
स्थाणुमन्येऽनुसंयन्ति यथा कर्म यथा श्रुतम् ॥ ७ ॥

अन्वयः—अन्ये देहिनः यथाकर्मयथाश्रुतं शरीरत्वाय योनिं प्रपद्यन्ते अन्ये स्थाणुं अनुसंयन्ति ॥

योनिं yonim, (योनिद्वारं शुक्रबीजसमन्विताः सन्तः) womb.

अन्ये anye (के चिद् अविद्यावन्तः मूढाः M. केचन) some.

प्रपद्यन्ते pra-padyante (प्रविशन्ति M. प्राप्नुवन्ति) enter, obtain.

शरीरत्वाय sarîratvâya (शरीरग्रहणार्थं M. शरीरवत् त्वाय) in order to have a body ; for the purpose of becoming incarnated.

देहिनः dehinah (देहवन्तः M. देहधारणयोग्याः) embodied ones M. when ready to become embodied.

स्थाणुं sthânum (वृक्षादिस्थावर भावं M. स्थावरदेहं) immoveable, inorganic body or matter, Sthanum: a stone, an epithet of Shiva, denoting the qualities of calmness and fixity.

अन्ये anye, others. (देहिनः), who are evil doers.

अनुसंयन्ति anu-sam-yanti, go into.

यथा कर्म yathâ karma (यद् यस्य कर्म तद् यथा कर्म, यैः यादृशं कर्मेह जन्मनि कृतं तद्वशेन इत्येतत्) according to karma (actions done on the Physical Plane)

यथा श्रुतम् yathâ srutam, (यादृशं च विज्ञानमुपार्जितं M. यथा यथा विद्याकर्मवृत्ति ज्ञानेन) according to their knowledge (energy set free on the mental plane).

Some *souls*, ready for birth, go into the womb to obtain body: others enter Sthânum, according to *their* karma nd according to *their* knowledge.

MANTRA. 8.

य एष सुप्तेषु जागर्ति कामं कामं पुरुषो निर्मिमाणः ।
तदेव शुक्रं तद्ब्रह्म तदेवामृतमुच्यते
तस्मिंल्लोकाः श्रिताः सर्वे तदु नात्येति कश्चन ।
एतद्वै तत् ॥ ८ ॥

अन्वयः—यः कामं कामं निर्मिमाणः एषः पुरुषः सुप्तेषु जागर्ति तत् एव शुक्रम् तत् ब्रह्म तत् एव अमृतं उच्यते । तस्मिन् सर्वे लोकाः श्रिताः तत् उ कश्चन न अत्येति तत् वै एतत् ॥

यः yah who,

एष esha, this (Person or God).

सुप्तेषु supteshu (प्राणादिषु M. जीवेषु) when (they the Prânas or the Jîvas are) asleep.

जागर्ति jâgarti, is awake (does not sleep, but watches over us, as a Mother on her child)

कामं कामं kâmam kâmam (तं तमभिप्रेतं रूपाद्यर्थं M. स्वेच्छानुसारेण or काम्यमानं स्वाम पदार्थं कामं) one desired object after another. M. according to His Desire.

पुरुषः purushah, the Person.

निर्मिमाणः nirmimânah (निष्पादयन् M. उत्पादयन्) creating, shaping.

तत् tat, That.

एव , eva, indeed.

शुक्रं sukram, (शुभ्रं, शुद्ध M. शोकरहितं) White, Bright Pure M. Free from sorrow.

तत् tat, That.

ब्रह्म Brahma. The Brahman.

तद् एव tad eva, that indeed.

अमृतं amritam (अविनाशी M. अक्षरं) Immortal, undestructible, unchanging.

उच्यते uchyate (सर्वशास्त्रेषु M. वेदविद्भिः or प्राज्ञैः) is said or called (in all scriptures or by all wise men.)

तस्मिन् tasmin, in Him.

लोकाः lokâ*h*, the worlds.

श्रिताः Sritâ*h*, (आश्रिताः) contained.

सर्वे sarve, all.

तद् उ tad u, That indeed.

न अत्येति na aty-eti, does not go beyond.

कश्चन kaschana, any one.

This Purusha who is awake in those that sleep, and who builds (all objects) as a desire, that indeed is the pure one, that indeed is Brahma, immortal he is called. In him all worlds are contained. This is That. Him verily nothing goes beyond.

MANTRA. 9.

अग्निर्यथैको भुवनं प्रविष्टो रूपं रूपं प्रतिरूपो बभूव ।
एकस्तथा सर्वभूतान्तरात्मा रूपं रूपं प्रतिरूपो बहिश्च ॥ ९ ॥

अन्वयः—यथा एकः अग्निः भुवनं प्रविष्टः रूपं रूपं (प्रति) प्रतिरूपः बभूव । तथा आत्मा एकः सर्वभूतान्तः (प्रविष्टः) बहिश्च रूपं रूपं (प्रति) प्रतिरूपः बभूव ॥

अग्निः agni*h*, The (Celestial) Fire. The conscious Fire-God in heaven and His reflections in the unconscious material fires of the physical plane.

यथा yathâ, as.

एकः ekah, one.

भुवनं bhuvanam (अयं लोकः, तं) the world.

प्रविष्टः pravishtah (अनुप्रविष्टः) entered.

रूपं रूपं rûpam rûpam, in each form.

प्रतिरूपं prati-rûpam, (प्रतिबिंबः) counter-form or reflection.

बभूव babhûva, became.

एकः ekah, one.

तथा tathâ, so.

सर्व-भूतान्तरात्मा sarva-bhût-ântarâtmâ (सर्वेषां भूतानां अभ्यन्तर आत्मा अतिसूक्ष्मत्वात् M. सर्वजीवानुप्रविष्टः भगवान् एकः स्वतंत्रः न अन्यः) the Inner Self of all creatures.

रूपं रूपं प्रतिरूपः rûpam rûpam prati-rûpah, for every form, its counter-form.

बहिः च bahih cha, (स्वेन अविकृतेन रूपेण आकाशवत् M. अस्य भगवतः रूपं रूपं प्रति प्रतिरूपः प्रतिबिम्बो बभूव जीवः) and out or without (i. e. Brahman assumes the form of every object that it enters, yet is without them). M. बिम्बस्वरूपाद् बहिर्भूतश्च न तत्स्वरूपात्मा i. e. out side of the reflected form It does not become one identically.

As the one Agni enters every form ; in the world and becomes like that form, so the one inner soul of all beings, entering every form becomes of that form, but *is still* outside *it*.

MANTRA 10.

वायुर्यथैको भुवनं प्रविष्टो रूपं रूपं प्रतिरूपो बभूव ।
एकस्तथा सर्व्वभूतान्तरात्मा रूपं रूपं प्रतिरूपो बहिश्च ॥ १० ॥

अन्वयः—यथा एकः वायुः भुवनं प्रविष्टः रूपं रूपं (प्रति) प्रतिरूपः बभूव यथा एकः आत्मा सर्वभूतान्तः बहिश्च रूपं रूपं (प्रति) प्रतिरूपः (बभूव)

वायुः vâyuh, The Vayu.

As the one Vayu enters every form in the world, and becomes *like* that form, so the one inner soul of all beings, entering every form becomes of that form, but *is still* outside *it*.

MANTRA. 11.

सूर्यो यथा सर्व्वलोकस्य चक्षुर्न लिप्यते चाक्षुषैर्बाह्यदोषैः। एकस्तथा सर्व्वभूतान्तरात्मा न लिप्यते लोकदुःखेन बाह्यः ॥ ११ ॥

अन्वयः—सर्वस्य लोकस्य चक्षुः सूर्यः चाक्षुषैः बाह्यदोषैः यथा न लिप्यते। लोक दुःखेन बाह्यः एकः सर्वभूतान्तरात्मा तथा (दोषैः) न लिप्यते। अथवा बाह्यः एकः सर्वभूतान्तरात्मा तथा लोक दुःखेन न लिप्यते ॥

सूर्यः sûryah, the sun.

यथा yathâ, as.

सर्वलोकस्य sarva-lokasya, of all worlds.

चक्षुः chakshuh, the eye. M. The eye is of two sorts —the external and the internal. The external is material and inert. The internal is living and conscious, as it has for its presiding diety the Sûrya.

न na, not.

लिप्यते lipyate, is contaminated or besmirched.

चाक्षुषैः châkshushaih (चक्षुष्यादिदर्शननिमित्तैः आध्यात्मिकैः पाप दोषैः, बाह्येश अशुच्यादिसंसर्गदोषैः M. चक्षुर्संबन्धिभिः)

relating to the eyes. (The impurities which the eye sees.)

बाह्यदोषैः bâhya-doshai*h*, external impurities.

एकः तथा सर्वभूतान्तरात्मा eka*h* tathâ sarva-bhûtântarâtma*h*, so one is the Inner Self of all creatures.

न लिप्यते na lipyate, is not contaminated.

लोकदुःखेन loka-du*h*khena, by the world-sorrow.

बाह्यः bâhya*h*, (being) without.

As the one Sûrya, the eye of all the worlds, is not affected by the external faults contained in the objects of sight (by his rays falling on them), so the one inner-soul of all is not affected by external sorrow of the world, *being* outside *it.*

MANTRA 12.

एको वशी सर्वभूतान्तरात्मा एकं रूपम्बहुधा यः करोति।
तमात्मस्थं येऽनुपश्यन्ति धीरास्तेषां सुखं शाश्वतन्नेत-
रेषाम् ॥ १२ ॥

अन्वयः—यः एकः वशी सर्वभूतान्तरात्मा एकं रूपं बहुधा करोति आत्मस्थं तं ये धीराः अनुपश्यन्ति तेषां शाश्वतं सुखं (भवति) इतरेषां न (भवति)

एकः eka*h*, one. (S. सहि परमेश्वरः सर्वगतः स्वतन्त्र एको न तत्समोऽभ्यधिको वा अन्योऽस्ति ॥ M. एक पदोक्तं स्वातंत्र्यं व्यंजयन् एकस्य नाना जीवनियंतृत्वं कथं इति चोद्यं बहुरूपत्वोक्त्या निराह ॥ S. Verily that Supreme God is all pervading, self dependent and *One,* there is no one else who is either equal to Him or greater than He. M. The word "One" indicates that He is self dependent. How can *one* God control and rule infinite number and variety of Jîvas.

To this, the answer is given in this verse. i.e. the God assumes infinite forms in order to govern infinite worlds and Jîvas.)

वशी: vasih (सर्वं हि अस्य जगद्वशे वर्तते M.) the controller, the Ruler.

सर्व-भूतान्तरात्मा sarva-bhût-ântar-âtma, the Inner self of all creatures.

एकं रूपं ekam rûpam (एकमेव सद् एकरसं आत्मानं विशुद्ध-विज्ञान-रूपं) one form (which is one essence, pure intelligence.)

बहुधा bahudhâ (नामरूपादि अशुद्ध-उपाधिभेदवशेन बहुधा अनेक-प्रकारं) manifold (according to differences of name and form.)

यः yah, who.

करोति karoti, does, makes.

तं tam, Him.

आत्मस्थं âtmastham (स्वशरीरहृदयाकाशे बुद्धौ चैतन्याकारेण अभि-व्यक्तं) seated-in-the-self (placed in one's own heart, in the Buddhi).

ये ye, who (free from out-going tendencies.)

अनुपश्यन्ति anu-pasyanti (अनुभवन्ति) see, experience, perceive.

धीराः dhîrâh, the wise (विवेकिनः)

तेषां teshâm (परमेश्वरभूतानां) theirs.

सुखं शाश्वतं sukham sâsvatam (नित्यं आत्मानन्दलक्षणं सुखं) eternal happiness (the bliss of the self).

न इतरेषाम् na itareshâm (न अविवेकिनां) not of others.

He is one, the ruler, the inner self of all creatures, who makes (his) one form manifold; those tranquil minded ones who see him seated in the *mahat*-atma, eternal happiness is for them and not for others.

MANTRA. 13.

नित्योऽनित्यानां चेतनश्चेतनानामेको बहूनां यो विद-
धाति कामान् । तमात्मस्थं येऽनुपश्यन्ति धीरास्तेषां
शान्तिः शाश्वती नेतरेषाम् ॥ १३ ॥

अन्वयः—अनित्यानां नित्यः चेतनानां चेतनः यः एकः बहूनां कामान् विदधाति आत्मस्थं तं ये धीराः अनुपश्यन्ति तेषां शाश्वती शान्तिः (भवति) इतरेषां न (भवति) ॥

नित्यः nitya*h* (अविनाशी) eternal.

अनित्यानां anityânâm (विनाशिनां) among the transient. Or

नित्यः नित्यानाम् nitya*h* nityânâm (M. नित्यानां वस्तूनां नित्यः अति-शयेन नित्यः) the Eternal among the Eternals.

चेतनः chetana*h*, चेतनानां chetanânâm (चेतयितॄणां ब्रह्मादीनां प्राणिनां आत्मचैतन्यनिमित्तमेव चेतयितृत्वं M. चेतनानां चेतनः =मुख्य चेतनः, अन्ये चेतनाभासाः तदधीनाः) the Thinker among all thinkers, or the Highest conciousness among all consciousnesses. (like Brâhmâ &c.)

एकः eka*h*, the One.

बहूनां bahûnâm (अनेकेषां M. चेतनानां) of many (conciousnesses.)

यः ya*h*, who

विदधाति कामान् vidadhâti kâmân, fulfils the desires. (संसारिणां कर्मानुरूपं कामान् कर्मफलानि स्वानुग्रहनिमित्तांश्च कामान् यः प्रयच्छति)

तं आत्मस्थं ये अनुपश्यन्ति धीराः tam âtmastham ye anupasyanti dhirâh, The wise who perceive him within theirself.

तेषां teshâm, to them.

शान्तिः sântih (उपरतिः M. सुखं) peace, happiness.

शाश्वती sâsvatî (नित्या) eternal.

न इतरेषां na itareshâm, not to others.

The eternal among the eternals, the conciousness among all consciousnesses, the one among many, who bestows the fruits of Karmas, the tranquil-minded ones who see him seated in the *mahat*-Atma, eternal happiness *is* for them and not for others.

MANTRA. 14.

तदेतदिति मन्यन्तेऽनिर्देश्यं परमं सुखम् ।
कथन्नु तद्विजानीयां किमु भाति विभाति वा ॥ १४ ॥

अन्वयः—(यत्) अनिर्देश्यं परमं सुखं तत् एतत् इति (बुधाः) मन्यन्ते तत् किम् उ भाति वा न विभाति कथं नु विजानीयाम् ॥

तत् tat, that (आत्म विज्ञानं M. गुह्यं ब्रह्म) S. Self-knowledge M. Mystery of Brahman.

एतद् etad, this (M. एकरूपं)

इति iti.

मन्यन्ते manyante, they think.

अनिर्देश्यं anirdesyam (निर्देष्टुं अशक्यं M. इदम् इत्थं इति निर्देष्टुं अशक्यं) indescribable, undefinable, inexplicable.

परमं सुखं paramam sukham (प्रकृष्टं सुखं M. निर्देश्य परमसुखात्मकं) supreme happiness. M. The wise think Him as the Indescribable essence of the highest happiness—that Brahman which is in one aspect a Mystery, and in the other the All form—between the unknown and the known lies the third aspect of Brahman—the Supreme bliss.

कथं katham नु nu (केन प्रकारेण) M. In what way.

तद् tad, that.

विजानीयां vijâniyâm, can I know (M. How can I know that Bliss aspect of Brahman without His grace? भगवद् रूपं कथं जानीयां तद् प्रसादं ऋते)

किम् उ kim u, does it verily or indeed.

भाति bhâti (दीप्यते) shine forth (and illumine others.)

न भाति वा na bháti vá, or does it not shine forth: i. e. S. can it be known by our Buddhi or not? M. "How can I know that Indescribable highest happiness."

or

विभाति वा vi-bhâti vâ, or is it lighted (by some other light.)

"This is that"—so say *the wise*: how may I know that supreme bliss, not to be defined; is it manifest or is it not manifest.

MANTRA. 15.

न तत्र सूर्य्यो भाति न चन्द्रतारकं नेमा विद्युतो भान्ति
कुतोऽयमग्निः । तमेव भान्तमनुभाति सर्व्वन्तस्य भासा
सर्व्वमिदं विभाति ॥ १५ ॥

अन्वयः—तत्र सूर्यः न भाति न चन्द्रतारकं (भाति) इमाः विद्युतः न भान्ति अयं अग्निः कुतः (भायात्) भान्तं तमेव अनु सर्वं भाति इदं सर्वं तस्य भासा विभाति ॥

न na, not.

तत्र tatra, there (तस्मिन् स्वात्मभूते ब्रह्मणि M. तत् पदोक्तं ब्रह्मात्मनि सर्वविदे वस्तुनि).

सूर्यः sûryah, the sun,

भाति bhâti (प्रकाशयति M. भासयते) shines, reveals, manifests.

न na, not.

चन्द्र-तारकं chandra-târkam, the moon and stars.

न इमाः विद्युतः भान्ति na imâh vidyutah bhânti, not these lightenings reveal (or shine.)

कुतः अयम् अग्निः kutah ayam agnih, how this fire?

तम् एव भान्तं tam eva bhántam (परमेश्वरं दीप्यमानं M. तमेव भान्तमनु = तद्भानं अनुसृत्य) S. when verily he shines. M. following after His shining forth.

अनु-भाति anu-bhâti M. भाति (anu is taken with the preceding clause) S. अनुदीप्यते shine after Him (not by their own light, but by His light.)

सर्वं sarvam, all (Sun and other stars &c.)

तस्य tasya, His.

भासा bhâsâ, (दीप्त्या) by (His) light.

सर्वं sarvam, all.

इदम् idam, this (sun &c.)

विभाति vi-bhtâi, is lighted.

There the sun does not shine, nor the moon and stars, there these lightenings do not play, how then this fire? When He is manifest, all is manifested after Him, by His manifestation all this world becomes manifest.

VALLI VI.

MANTRA. 1.

ऊर्ध्वमूलोऽवाक्शाख एषोऽश्वत्थः सनातनः ।
तदेव शुक्रन्तद्ब्रह्म तदेवामृतमुच्यते ।
तस्मिँल्लोकाः श्रिताः सर्व्वे तदु नात्येति कश्चन ।
एतद्वै तत् ॥ १ ॥

अन्वयः—एषः ऊर्ध्व मूलः अवाक्शाखा सनातनः अश्वत्थः । तत् एव शुक्रं तत् ब्रह्म तत् एव अमृतं उच्यते । तस्मिन् सर्वे लोकाः श्रिताः तत् उ कश्चन न अत्येति तत् वै एतत् ॥

ऊर्ध्वमूलः úrdhva-múlah (ऊर्ध्वं मूलं यत् तद्विष्णोः परमं पदमव्येति सोऽव्यक्तमहदादिस्थावरान्तः संसारवृक्षः M. ऊर्ध्वं सर्वोत्तमोमभवान्, मूलं वृक्षमूलं भूतलमिव मूलं यस्य जगदाख्य वृक्षस्य स ऊर्ध्वमूलः) above-rooted. M. M. whose roots grow upwards. M. That world-tree whose root is in "Urdhva" or High God.

अवाक्-शाखः avâk-sâkhah S. स्वर्गनरकतिर्यक् प्रेतादिभिः शाखाभिः (M. अर्वाञ्चः अवराः देवाः शाखाः यस्य असौ) down branched. M. M. whose branches grow downwards M. Whose branches are the Lower Devas (arvâk Lower hierarchy.)

एषः eshah (संसार वृक्षः M. प्रमाण प्रमितो जगदाख्योऽश्वत्थः) this.

अश्वत्थः asvatthah (अश्वत्थवत् कामकर्मवातेरितनित्य प्रचलित-स्वभावः M. अश्वत्थवत्परिवर्त्तिस्थिरः । आशुगविनत्वात् अश्वो हरिः ॥ अश्व is formed by adding the affix क to the root स्था "to blow" preceded by the upapada आशु 'quick' आशु+स्था+क (अ)=अश्व (the स्था is shortened.) श्वः अपि न तिष्ठति or श्वस्य च अश्वं = अश्वत्थः) the Fig-tree M. that which stands firm like the Fig-tree. Or अश्वत्थ may mean "the abode of God or the food of God". अश्व means then "He who goes very quickly" i. e. the all-pervading God: and थ is the eliled form of स्था "to stand" or थ "food."

सनातनः sanâtanah (चिरंप्रवृत्तः M. प्रवाहतोऽनादि) ancient. M. Beginningless as a current. The current of creation has no beginning.

तद् एव tad eva, that verily or indeed. S. That *root* of the world tree.

शुक्रं *s*ukram (शुभ्रं, शुद्धं) Bright, Pure, Free from sorrow.

तद् ब्रह्म tad Brahma, that is Brah*m*an.

तद् एव tad eva, that indeed.

अमृतं amritam (अविनाशि स्वभावं) Immortal.

उच्यते uchyate (कथ्यते सत्यत्वात्) is said.

तस्मिन् लोकाः श्रिताः सर्वे तदु उ न अत्येति कश्चन ॥ same as in V. 8.

With roots above and branches below, this (manifested rahma) *is as* an ancient ashvattha tree, that indeed *is* the right one, that *is* Brahma, that indeed is called immortal. n him all worlds are contained, Him verily nothing goes eyond.

This is that.

MANTRA. 2.

यदिदं किञ्च जगत्सर्वं प्राण एजति निःसृतम् ।
महद्भयं वज्रमुद्यतं य एतद्विदुरमृतास्ते भवन्ति ॥ २ ॥

अन्वयः—यत् इदं किंच सर्वं जगत् निःसृतं प्राणे (ब्रह्मणि) एजति (यः प्राणः) उद्यतं वज्रं महत् भयम् ये एतत् विदुः ते अमृताः भवन्ति ॥

यत् yat, what.

इदं idam, this.

किंच kimcha, so-ever.

जगत् jagat, world.

सर्वं sarvam, whole, all.

प्राणे prâṇe (परस्मिन् ब्रह्मणि M. प्राणाख्ये हरौ स्थितं) in the Prâṇa (in the Supreme Brahman M. in the God Hari.)

एजति ejati (कम्पते) trembles or यत् प्रेरणया चेष्टते works (by His direction.)

निः सृतं niḥ-sritam (निर्गतं M. प्राणात् निःसृतं) gone forth. M. All this world is contained in the Prâṇa, it comes out of Prâṇa—from whom this universe trembles as if in fear, or works under whose command.

महद् भयं mahat bhayam (महच्च तद्भयं च, M. महद्भयदं) a great terror, reverence, awe. S. Great and terrible M. giver of great terror.

वज्रं उद्यतं vajram udyatam (उद्यतमिव वज्रं M. वज्रवत् महद्भयद उद्यतं=सततं उद्यमवन्तं) thunder-bolt raised M. M. drawn sword S. the thunder-bolt, as if on the point of being hurled. M. The great giver of terror, like the thunder-bolt. He takes उद्यतं as a separate word meaning "ever active."

यः एतद् विदुः yaḥ etad viduḥ, who know this (Brahman.)

अमृताः amritâḥ (अमरणधर्माणः M. मुक्ताः) Immortal, Mukta.

ते भवन्ति te bhavanti, they become.

M. another reading is प्राणः That from whom has come out Prâna, as well as all this universe, in whom they all *tremble* or carry on their functions. Or that from whom the whole world has come out, and on whom that Prâna (Brahman) re-acts.

Whatever is in this world, the whole moves in the Prana and comes from it. It is like a mighty reverence, like an uplifted thunder-bolt, they who know this, they verily become immortal.

MANTRA. 3.

भयादस्याग्निस्तपति भयात्तपति सूर्यः ।
भयादिन्द्रश्च वायुश्च मृत्युर्धावति पञ्चमः ॥ ३ ॥

अन्वयः—अस्य भयात् अग्निः तपति (अस्य) भयात् सूर्यः तपति (अस्य) भयात् इन्द्रः च वायुः च पञ्चमः मृत्यु धावति ॥

भयात् bhayât (भीत्या) from terror, awe, reverence.

अस्य asya (परमेश्वरस्य) of Him (the supreme God.)

अग्निः तपति agni*h* tapati, the fire burns.

भयात् तपति सूर्यः bhayât tapati sûrya, from awe the sun shines.

भयात् इन्द्रः च वायुश्च मृत्युः धावति पंचम: bhayât Indra*h* cha vâyu*h* cha Mrityu*h* dhâvati panchama*h*, from awe Indra and Vâyu, and Mrityu the fifth runs. M. धावति (स्वकार्येषु व्याप्रियते) M. translates dhâvati as "engage in their respective works" such as causing rain &c.

From reverence of Him Agni burns, from reverence of Him Sûrya shines, from reverence of Him, Indra (rains), Vâyu (blows), and Mrityu runs (to work) as fifth.

MANTRA 4.

इह चेदशकद्बोद्धुम्प्राक् शरीरस्य विस्रसः ।
ततः सर्गेषु लोकेषु शरीरत्वाय कल्पते ॥ ४ ॥

अन्वयः—इह (जीवन्) शरीरस्य विस्रसः प्राक् बोद्धुं अशकत् ततः शरीरत्वाय सर्गेषु लोकेषु (विद्यमानेषु वस्तु अनादरेणसनी) कल्पते (कृतार्थो भवति) ॥

इह iha, (जीवन्नेव M. मनुष्यदेहे) here (while alive on this physical plane or M. while having a human dense body.)

चेत् chet, if (यदि)

अशकत् asakat, (शक्नोति M. शक्तः) is able or became able.

बोद्धुं boddhum, (अवगन्तुं) to understand.

प्राक् prâk शरीरस्य विस्रसः sarîrasya visrasah (पूर्वं शरीरस्य अवस्रंसनात् पतनात्, संसार बन्धनाद् विमुच्यते । न चेत् अशकत् बोद्धुं ततोऽनवबोधात् सर्गेषु सृज्यन्ते येषु स्रष्टव्याः प्राणिनः पृथिव्यादयः लोकाः, तेषु शरीरं गृह्णाति) before (S. If a man is able to understand Brahman, then even before the decay of his body, he is liberated. If he is not able to understand it, then he has to take body again in the created worlds.)

शरीरस्य विस्रसः sarîrasya visrasah, (M. भौतिकदेहस्यविस्रंसनात्; तनावस्थानात् प्राक्बोद्धुं अशकत्) the falling asunder of body (the dense).

ततः tatah, then.

स्वर्गेषु लोकेषु शरीरत्वाय कल्पते svargeshu lokeshu sarîrtvaya kalpate, (M. वैकुण्ठादिषु कामाकृतचिदानन्दात्मकदेहत्वाय कल्पते मुक्तो भवति इति वाक्यम्) in Heaven worlds (like Vaikuṇṭha &c.) he is born in order to take a body (which is im-material, and consists of the bliss and intelligence)—i. e. He takes an undecaying *Spiritual* body in the Heaven-worlds. S. reads सर्गेषु and not स्वर्गेषु, सर्गेषु means "in the created world" Shankara's meaning is given above.

If a man here is able to understand Him (Brahma), before the disintegration of the body, then in the lokas of the self-effulgent One he obtains an (a-prakritic) form.

MANTRA. 5.

यथाऽऽदर्शे तथाऽऽत्मनि यथा स्वप्ने तथा पितृलोके ।
यथाप्सु परीव ददृशे तथा गन्धर्वलोके छायातपयोरिव
ब्रह्मलोके ॥ ५ ॥

अन्वयः—यथा आदर्शे (ददृशे) तथा आत्मनि (ददृशे) यथा स्वप्ने (ददृशे) तथा पितृलोके (ददृशे) यथा अप्सु परिददृशे इव तथा गन्धर्वलोके (ददृशे) ब्रह्मलोके छायातपयोरिव (ददृशे) ॥

यथा yathâ, as

आदर्शे âdarse, in the mirror (यथा आदर्शे प्रतिबिम्बभूतमात्मानं पश्यति लोकोऽत्यन्तविविक्तं M. आदर्शे दर्पणे मुखं यथा दृश्यते सम्यक् यथा ज्ञानदृष्टिभिः दृश्यते) M. as the face is seen fully reflected in the mirror, so the Brahman is seen completly reflected in the Atman.

तथा tathâ, so

आत्मनि âtmani, (स्वबुद्धौ आदर्शवत् निर्मलीभूतायां विविक्तं आत्मनो दर्शनं भवति M. आत्मनि जीवे अवस्थितो भगवान्) In the Atman, S. In the Buddhi M. In the Jîvâtman.

यथा स्वप्ने yathâ svapne, (अविविक्तं जाग्रद् वासनोद्भूतं M. यथा स्वप्ने यथार्थो दृश्यते, न सम्यक्) as in dream (S. not fully, not completely.)

तथा पितृलोके tathâ Pitri-loke, so in the world of the Fathers. (अविविक्तमेव दर्शनमात्मनः कर्मफलोपभोगासक्तत्वात् M.) S. there is not complete realisation, because there is the experiencing of the fruits of one's actions.

यथा अप्सु yathâ apsu, as in waters (अविभक्तावयवमात्मरूपं)

परीव ददृशे or दृश्यते parîva dadrise or drisyate, (परिदृश्यते इव यथा M. परीव=सम्यग् इव प्रतिमुखादिकं दृश्यते) as if fully seen, as if seen in all parts, face &c.

तथा गन्धर्वलोके tathâ Gandharva-loke, so in Gandharva world. (अविविक्तमेव दर्शनं आत्मनः M. किंचित् स्पष्टतया दृश्यते)

छाया-आतपयोः इव ब्रह्मलोके chhâyâ âtpayo*h* iva Brahma-loke, like shadow and light in the Brahma-world. light and its reflection (अत्यन्तविविक्तं ब्रह्मलोके एवैकस्मिन् । स च दुष्प्राप्यः ; तस्माद् आत्मदर्शनाय इहैव यत्नः कर्तव्यः M. छायातपविविक्त प्रदेशे वस्तु यथाहनि दृश्यते दृश्यते तथा हरिः दृश्यते)

As a reflection in the mirror, so in the Atman is Brahman to be seen, as one sees in dream so in the Pitri loka, as in waters completely visible, so in the Gandharva loka; in the Brahma loka, as light and its reflection.

MANTRA. 6.

इन्द्रियाणां पृथग्भावमुदयास्तमयौ च यत् ।
पृथगुत्पद्यमानानां मत्वा धीरो न शोचति ॥ ६ ॥

अन्वयः — यत् धीरः पृथक् उत्पद्यमानानां इन्द्रियाणां पृथक् भावं उदयास्तमयौ च मत्वा न शोचति ॥

इन्द्रियाणां indriyânâm (श्रोत्रादीनां) of the senses (like ear &c.)

पृथक्-भावं prithag-bhâvam (स्वभावविलक्षणात्मकतां M. तारतम्यं) different states or conditions.

उदय-अस्तमयौ udayâstamayau (उत्पत्ति-प्रलयौ जाग्रत्-स्वापावस्थापेक्षया M. यत्र जगदुदयास्तमयौ भवतः पृथक् नाना प्रकारेण उत्पद्यमानानां इन्द्रियाणां यथा प्रतीत्यादिकं इति शेषः) rising and setting. S. Origin and destruction, having reference to waking and sleeping state. M. This origin and destruction of the world, takes place in order to make the senses apprehend different objects.

च यत् cha yat, and what.

पृथक् उत्पद्यमानानां prithak ut-padyamânânâm (आकाशादिभ्यः अत्यन्तविशुद्धात् केवलात् चिन्मात्र आत्मस्वरूपात् M. नाना-प्रकारेण उत्पद्यमानानां इन्द्रियाणां यथाप्रतीत्यादिकंइति शेषः) produced from different origins (such as akâsha) &c.) M. born in different ways.

मत्वा matvâ, having thought over (S. ज्ञात्वा M. भगवदधीनं ज्ञात्वा) S knowing M. understanding that they are under the control of God.

धीरः न शोचति dhirah na sochati, the wise does not grieve.

S. Understanding the different states and the rising and setting (in waking and sleep) of the senses, that have each a different origin (such as ear from akashâ &c.), the wise does not grieve.

M. Understanding that all these differences of condition, these creations and destructions of worlds, these perceptions of objects by the senses which have different origins, are under the control of God, the wise does not grieve.

Knowing *all* the different conditions of the senses, the origin and destruction *of things*, and what is produced from different Sources, the wise man does not grieve.

MANTRAS. 7. 8.

इन्द्रियेभ्यः परं मनो मनसः सत्त्वमुत्तमम् ।
सत्वादधि महानात्मा महतोऽव्यक्तमुत्तमम् ॥ ७ ॥

अन्वयः—(तत्) मनः इन्द्रियेभ्यः परं, सत्वं मनसः उत्तमम्, महान् आत्मा सत्वात् अधि, अव्यक्तं महतः उत्तमम् ॥

अव्यक्तात्तु परः पुरुषो व्यापकोऽलिङ्ग एव च ।
यज्ज्ञात्वा मुच्यते जन्तुरमृतत्वञ्च गच्छति ॥ ८ ॥

अन्वयः—जन्तुः यज्ज्ञात्वा मुच्यते अमृतत्वं च गच्छति (सः) व्यापकः अलिङ्ग एव पुरुषः तु अव्यक्तात् परः ॥

इन्द्रियेभ्यः परं मनः indriyebhya*h* param mana*h*, the Manas is higher than the senses. (M. the presiding deity of Manas is higher than those ruling the senses. See ante III. 10.)

मनसः सत्वं उत्तमं manasa*h* satvam uttamam (सत्वं=बुद्धिः) The Buddhi is higher than Manas.

सत्वात् अधि महान् आत्मा satvât adhi Mahânâtmâ (अधि=अधिकः, व्यापकः, अपरिच्छिन्नः) over Buddhi (as penetrating it even) is the Mahânâtmâ (the great-self.)

महतः अव्यक्तं उत्तमं mahtah avyaktam uttamam, higher than Mahat is the Avyakta.

अव्यक्तात्तु परः पुरुषः avyaktât tu parah purushah, beyond the Avyakta, is the Purusha.

व्यापकः vyâpakah, (व्यापकस्यापि आकाशादेः सर्वस्य कारणत्वात् M. अपरिच्छिन्नः) the all-pervading (S. the cause even of all pervaders like Akâsha &c. M. The unbounded.

अलिङ्गः एव च alingah eva cha (लिङ्ग्यते गम्यते येन तत् लिङ्गं बुद्ध्यादि तदविद्यमानमस्य इति अयम् अलिङ्गः M. प्राकृत-भौतिकदेह-रहितः , without marks also, S. That by which a thing is understood is called "linga"; such as Buddhi, Manas &c. He who has not these is a-linga. M. He who has neither a Prakritic body nor an Elemental (compounded) body. (Bodiless.)

यं yam or तं tam, whom or Him M. तं refers to तारतम्यांतगं ॥

ज्ञात्वा jnâtva, having understood (being taught by Teachers and Scriptures.)

मुच्यते जन्तुः muchyate jantuh (अविद्यादिहृदयग्रन्थिभिः जीवन् एव M. भवपाशात्) the creature is liberated (S. from the bonds of Ignorance even while alive; M. from the toils of existence.)

अमृतत्वं च गच्छति amritatvam cha gachchhati (पतितेऽपि शरीरे अमृतत्वं च गच्छति M. पुनर्जनन मरणादिभावरूपं अमृतत्वं) and goes to Immortality (S. after death, M. of non-rebirth.)

Higher than sensations *is* Manas,
Higher than Manas *is* Buddhi,

Higher than Buddhi *is* the Mahat-atma.

Higher than the Mahat is the Unmanifested.

Beyond the Unmanifested is Purusha, the all-pervading, one having no attributes, whom having comprehended the man is liberated and goes to the state of deathlessness.

MANTRA. 9.

न सन्दृशे तिष्ठति रूपमस्य न चक्षुषा पश्यति कश्चनैनम्।
हृदा मनीषा मनसाभिक्लृप्तो य एतद्विदुरमृतास्ते भवन्ति ९

अन्वयः—अस्य रूपं सन्दृशे न तिष्ठति कश्चन एनं चक्षुषा न पश्यति हृदा मनीषा मनसा अभिक्लृप्तः (आत्मा ज्ञेयः) ये एतत् (आत्मनो ब्रह्मत्वं) विदुःते अमृताः भवन्ति ॥

न na, not.

सन्दृशे sandrise, (सन्दर्शनविषये M. सम्यक् ज्ञानाय) the object of perception. M. of complete conception or knowledge.

तिष्ठति tish*th*ati, exists or is found or stands.

रूपं अस्य rûpam asya, His form. (His=of the Pratyagâtman. M. His=of God the Source of all Avâtâras, the Arche-type.)

न चक्षुषा na chakshushâ, (उपलक्षणं, चक्षुरादिकरणैः) not by eye (or any other sense organ.)

पश्यति कश्चन pasyati kaschana, (उपलभते कश्चिदपि) sees any one.

एनम् enam, Him (the Self.)

हृदा मनीषा hridâ manîshâ, (मनीषा is Instrumental singular of the noun मनीष् (Nom. S. मनीट्) मनसः सङ्कल्पादिरूपस्येष्टे नियन्तृत्वेन M. इत शब्दोऽत्र श्रवण-मनन-ध्यान-भक्ति-आदि-साधनपरः ॥ तद्युक्तेन मनसा । "मनीषा" = ज्ञानरूपो

भगवान्, अभिक्लृप्तः = विषयीकृतो भवति) by the Heart of the Person who is Lord of his mind. M. By the Heart and Mind is known this Ruler of the Mind. M. takes मनीषा as Nom. S. meaning God (the Ruler of mind.)

मनसा manasâ, (मननरूपेण सम्यग् दर्शनेन) by the Manas.

अभि-क्लृप्तः abhi-klirptah (अभिसमर्थितः, अभिप्रकाशितः M. विषयीकृतः) is revealed, is made known.

यः एतद् विदुः yah etad viduh, who knows this or एनं Him.

अमृताः ते भवन्ति amritâh te bhavanti, Immortals they become.

Not as an object of perception does His form exist, not by the eye does any one see him, but by Buddhi controlling the mind, reflected in Manas, is He revealed, who *thus* know Him, deathless they become.

MANTRA 10.

यदा पञ्चावतिष्ठन्ते ज्ञानानि मनसा सह ।
बुद्धिश्च न विचेष्टते तामाहुः परमां गतिम् ॥ १० ॥

अन्वयः—यदा पञ्च ज्ञानानि मनसा सह अवतिष्ठन्ते बुद्धिः च न विचेष्टति तां परमां गतिम् आहुः विद्वांसः ॥

यदा yadâ, (यस्मिन काले) when.

पंच pancha, the five (qualifying ज्ञानानि i. e. the five Jnânendriyas.)

अवतिष्ठन्ते ava-tishthante (स्वविषयेभ्यो निवर्तितानि आत्मनि एव अवतिष्ठन्ते M. व्यावृत्ततया तिष्ठन्ति) remain aloof (from their objects.)

ज्ञानानि jnânâni, (the organs of) knowledge. (ज्ञानार्थत्वात् श्रोत्रादीन्द्रियाणि M. ज्ञानसाधनानि चक्षुरादि पंचेन्द्रियाणि)

मनसा manasâ, (with) the Manas.

सह saha, with.

बुद्धिः buddhi*h*, (अध्यवसायलक्षणा) the Buddhi.

न विचेष्टति na vi-chesh*t*ati (स्व व्यापारेषु न व्याप्रियते M. विषयान् प्रति न प्रवर्तते) does not go towards (its objects.)

ताम् tâm, that (Pratyâhâra state from seven-fold objects of consciousness) or तं Him.

आहुः âhu*h*, they say.

परमां गतिं paramâm gatim, the highest goal or way (परम साधनं ज्ञानस्य the highest means of acquiring Jnâna or Wisdom.)

When the five organs of perception and manas (remain apart from their objects), and the intellect even does not move, that they call the highest road.

MANTRA. 11.

तां योगमिति मन्यन्ते स्थिरामिन्द्रियधारणाम् ।
अप्रमत्तस्तदा भवति योगो हि प्रभवाप्ययौ ॥ ११ ॥

अन्वयः—तां स्थिरां इन्द्रिय धारणां योगं इति मन्यन्ते तदा अप्रमत्तः भवति योगः हि प्रभवाप्ययौ ॥

तां tâm, (तदवस्थां) that (state.)

योगं yogam, the Yoga.

इति iti,

मन्यन्ते manyante, (प्राज्ञाः) they hold.

स्थिराम् sthirâm (अचलां M. अचंचलां) steady (unmoved.)

इन्द्रिय-धारणाम् indriya-dhâra*n*âm, (बाह्यान्तः करणानां धारणं M. इन्द्रियाणां विषयेभ्यो व्यावर्तनेन मनवद्धिस्थये अचंचलां धारणा-

नेव ध्यानसमाधि लक्षणयोगं) the restraint of the senses.

अप्रमत्तः apramatta*h*. (प्रमादवर्जितः, समाधानं प्रति नित्यं यत्नवान्, M. भगवज् ज्ञान्येव भवति) not heed-less or negligent. M. becomes knower of God.

तदा tadâ, then.

भवति bhavati, he becomes.

योगः हि yoga*h* hi (यस्मात् योगः) because Yoga (is).

प्रभवाप्ययौ prabhavâ pyayau, (उपजनापायधर्मकः M. उत्पत्ति विनाशौ) origination and destruction.

That they hold to be Yoga, which is the firm restraint of the senses. Then one becomes not heedless, for Yoga *is* the origin and destruction (of all things.)

MANTRA 12.

नैव वाचा न मनसा प्राप्तुं शक्यो न चक्षुषा।
अस्तीति ब्रुवतोऽन्यत्र कथं तदुपलभ्यते ॥ १२ ॥

अन्वयः—(आत्मा) वाचा नैव प्राप्तुं शक्यः मनसा न प्राप्तुं शक्यः चक्षुषा न प्राप्तुं शक्यः तत् (ब्रह्म) अस्ति इति ब्रुवतः अन्यत्र कथं उपलभ्यते ॥

न एव na eva, not indeed.

वाचा vâchâ, by speech.

न मनसा na manasâ, not by mind.

प्राप्तुं prâptum, to obtain, (ज्ञातुं) to know.

शक्यः *s*akya*h*, is able (पुरुषः)

न चक्षुषा na chakshushâ, not by eye.

अस्ति इति asti iti, "it is".

ब्रुवतः vruvata*h*, (उपदिशतः गुरोः) from one who says (i. e.) from the Guru who knows that "He is," and not from one who denies the existence of God.

अन्यत्र anyatra, any where else.

कथं katham, how.

तद् tad, He.

उपलभ्यते upa-labhyate, is to be found.

M. That God-form cannot be known otherwise than through the grace of Guru. When the Guru through His infinite compassion shows for the first time to the desciple the majesty of the Self; then it is for the pupil to retain that form in his heart by constant meditation and contemplation.

Not by Speech or Mind is one able to know Him, nor by the eye, how then is He to be obtained from any save the one (Guru) who says " He is ".

MANTRA. 13.

अस्तीत्येवोपलब्धव्यस्तत्त्वभावेन चोभयोः ।
अस्तीत्येवोपलब्धस्य तत्त्वभावः प्रसीदति ॥ १३ ॥

अन्वयः—आत्मा अस्ति इति एव तत्त्व भावेन च उपलभ्यः । उभयोः (अस्तित्व तत्त्वभावयोः मध्ये) अस्ति इत्येव उपलब्धस्य तत्त्वभावः प्रसीदति ॥

अस्ति इति asti iti " He is ".

एव eva, indeed.

उपलब्धव्यः upa-labdhavyah, is to be found or known.

तत्व-भावेन tattva-bhâvena, (सद्-असदादि प्रत्ययविषयत्व वर्जितस्य आत्मनः तत्वभावो भवति। तेन च रूपेण आत्मा उपलब्धव्यः ॥
M. उभयोः प्रकृति-पुरुषयोः ; तत्वं=प्रमाणिकत्वं प्रकृति-पुरुष-भावं वा भावयति सम्पादयति इति तत्वभावः=भगवान् ; तेन

तद् प्रसादेन) by (His) true nature (i. e. the Atmâ is to be knwon by Its *true condition* as being devoid of all qualities of spirit and matter.) M. by the grace of God. तत्व = the truth (of Prakriti and Purusha); भाव = the creator: i. e. the creator of the truth or condition of Prakriti and Purusha. That is, the God. तत्व भावेन = by (the grace of) the origin of Truth (Prakriti and Purusha.)

च उभयोः cha ubhayo*h*, सोपाधिक—निरुपाधिकयोः अस्तित्व तत्व-भावयोः ॥ M. प्रकृति पुरुषयोः) and of both (the conditioned and the unconditioned Brahma) i. e. by realising the existence of both. M. Of both (Prakriti and Purusha.)

अस्ति इति एव उपलब्धस्य asti iti eva upa labdhasya, of one who has understood It as "He is". (M. सर्वाधिकतया अस्तित्वाद् अस्ति इति नामा भगवान्, इति उपलब्धस्य एवमुपलम्भनावस्य, तत्वभावः = भगवान्) M. The God is named "asti" = "He is", because He is the Supreme Existence above all existences. The person who knows God as "Asti"—such a person becomes the vessel of grace.

तत्वभावः प्रसीदति tattva-bhâva*h* prasîdati, (आत्मनः विदित-अविदिताभ्यां अन्योऽन्य स्वभावः अभिमुखी भवति M. भगवान् प्रसादवान् भवति) The true nature is revealed M. The God is pleased,

He is to be knowon as *Asti* (*He is*), and by (realising) the true nature of the both (Matter and Spirit). To him who knows Him as *Asti* (He is), the true nature (of Matter and Spirit) is revealed.

MANTRA. 14.

यदा सर्वे प्रमुच्यन्ते कामा येऽस्य हृदि श्रिताः ।
अथ मर्त्योऽमृतो भवत्यत्र ब्रह्म समश्नुते ॥ १४ ॥

अन्वयः—यदा सर्वे कामाः ये अस्य हृदि स्थिताः प्रमुच्यन्ते अथ मर्त्यः अमृतः भवति अत्र ब्रह्म समश्नुते ॥

यदा yadâ, when

सर्वे sarve, all (qualifying "desires").

प्रमुच्यन्ते pramuchyante, (विशीर्यन्ते) are entirely given up, become freed. मुक्ता भवन्ति are exhausted.

कामाः kâmâh, (संकल्पाः) desires.

ये ye, which.

अस्य asya, (विदुषः) of this, his (man's).

हृदि hridi, in the heart, in the antahkarana.

श्रिताः shritâh, (another reading is स्थिताः) clinging to, depending on, residing in.

अथ atha, then.

मर्त्यः martyah, the mortal.

अमृतः amritah, immortal.

भवति bhavati, becomes.

अत्र atra, here (in this life) M. In Brahma-loka, in Shvetadvîpa &c.

ब्रह्म Brahma, Brahma.

समश्नुते samasnute, प्राप्नोति attains.

When all the desires that reside in the heart are entirely given up then the mortal becomes immortal, then he obtains here Brahma.

MANTRA. 15.

यदा सर्व्वे प्रभिद्यन्ते हृदयस्येह ग्रन्थयः ।
अथ मर्त्योऽमृतो भवत्येतावदनुशासनम् ॥ १५ ॥

अन्वयः—यदा इह हृदयस्य सर्वे ग्रन्थयः प्रभिद्यन्ते अथ मर्त्यः अमृतः भवति एतावत् हि अनुशासनम् ॥

यदा yadâ, when.
सर्वे sarve, all,
प्रभिद्यन्ते prabhidyante, are cut asunder, broken through.
हृदयस्य hridayasya, of the heart.
इह iha, here (on earth).
ग्रन्थयः granthaya*h*, knots.
अथ atha, then.
मर्त्यः marttya*h*, mortal.
अमृतः amrita*h*, immortal, free.
भवति bhavati, becomes.
एतावद् etâvad, so much.
हि hi, veril y. (It is omitted in some texts).
अनुशासनम् anusâsanam, instruction.

When all the knots of the heart are cut asunder here then the mortal becomes immortal, verily this *is all* instruction.

MANTRA. 16.

शतञ्चैका च हृदयस्य नाड्य
स्तासाम्मूर्द्धानमभिनिःसृतैका ।
तयोर्ध्वमायन्नमृतत्वमेति
विष्वङ्ङन्या उत्क्रमणे भवन्ति ॥ १६ ॥

अन्वयः—शतं च एका च हृदयस्य नाड्यः तासां (मध्ये) एका मूर्धानं अभि निःसृता तया ऊर्ध्वं आयान् जन्तुः अमृतत्वं एति विष्वङ् अन्याः उत्क्रमणे (मुमुर्षुः गमने निर्गमाय) भवन्ति ॥

शतं satam, a hundred.

च cha, and.

एका ekâ, one (the Sushumnâ).

च cha, and.

हृदयस्य hridayasya, of the heart.

नाड्यः nâ*d*ya*h*, vessels, nerve-cords, arteries.

तासां tâsâm, of them (one, namely the Sushumnâ.)

मूर्धानम् murdhânam, to the head, (piercing through the brain).

अभिनिःसृता abhini*h*sritâ, coming out towards.

एका ekâ, one (the Sushumnâ.)

तया tayâ, by that (nâdî the Sushumnâ)

ऊर्ध्वम् ûrdhvam, up wards.

आयन् âyan, going.

अमृतत्वम् amritatvam, immortality (relative immortality till one world-period.)

एति eti, obtains.

विष्वङ् vishvang, diverse, अन्याः anyâ*h* the others.

उत्क्रमणे utkrama*n*e, at the time of going-away. or for rebirth.

भवन्ति bhavanti, become. (carry the soul.)

There are a hundred and one arteries of the heart and one of them pierces through the head. By that one going upwards, he obtains deathlessness. The other (arteries) become (the means of carrying the soul) to diverse (lokahs of death), at the time of going away.

MANTRA. 17.

अङ्गुष्ठमात्रः पुरुषोऽन्तरात्मा
सदा जनानां हृदये सन्निविष्टः ।
तं स्वाच्छरीरात्प्रवृहेन्
मुञ्जादिवेषीकां धैर्येण ।
तं विद्याच्छुक्रममृतं तं विद्याच्छुक्रममृतमिति ॥ १७ ॥

अन्वयः—अन्तरात्मा पुरुषः जनानां हृदये अङ्गुष्ठमात्रः सदा सन्निविष्टः । तं मुञ्जात् इषीकां इव स्वात् शरीरात् धैर्येण प्रवृहेत् (विवेकी) तं शुक्रं अमृतं विद्यात् ॥

अङ्गुष्ठमात्रः amgushthamâtrah, of the size of a thumb.
पुरुषः purushah, Purusha.
अन्तरात्मा antarâtmâ, inner âtma.
सदा sadâ, always.
जनानाम् janânâm, of beings, of creatures.
हृदये hridaye, in the heart.
सन्निविष्टः sannivistah, seated.
तं tam, that.
स्वात् svât, from self (from his own.)
शरीरात् sarirât, from body.
प्रवृहेत् pravrihet, (निष्कर्षेत्) should draw out, thresh out.
मुञ्जात् munjât, covering, sheath. M. a kind of weed.
इव iva, like.
इषीकां ishîkâm, inner pith, stock. M. a kind of straw.
धैर्येण dhairyena, with patience.
तं tam, that.
विद्यात् vidyât, should know.

शुक्रम् sukram, (शोकादिदोषवर्जितं) M. brilliant, germ, seed,

अमृतम् amritam, free fiom sorrow immortal. Eternally Free.

The Purusha of the size of a thumb, the inner Atma of *all* beings, is always seated in the heart; one should extract that from his body, like the stem from its sheath (or as the wheat is separated from the chaff), with patience. That should be known as the undying seed: that should be known as the undying seed.

MANTRA. I8.

मृत्युप्रोक्तां नचिकेतोऽथ लब्ध्वा
विद्यामेतां योगविधिञ्च कृत्स्नम् ।
ब्रह्मप्राप्तः विरजोऽभूद्विमृत्यु
रन्योऽप्येवं यो विद्ध्यात्ममेव ॥ १८ ॥

अन्वयः—अथ नाचिकेतः मृत्युप्रोक्तां एतां विद्यां कृत्स्नं योगविधिंच लब्ध्वा ब्रह्म प्राप्तः विरजः विमृत्युः अभूत् यः अन्यः अपि अध्यात्मं एवं वित् सः ब्रह्मप्राप्तः विरजः विमृत्युः भवति ॥

मृत्यु } mrityu, Yama,
प्रोक्ताम् } proktâm, spoken.

नचिकेतः Nachiketa*h*, Nachiketas.

अथ atha, then.

लब्ध्वा labdhvâ, having obtained.

विद्यां vidyâm, the knowledge.

एतां etam, this.

योगविधिं Yogavidhim, Yoga-practice.

च cha, and.

कृत्स्नम् kritsnam, all.

ब्रह्मप्राप्तः Brahma-prâtah, having attained Brahma.

विरजाः virajah, M. निष्पापः ॥ free from activity (rajas), or sin.

अभूत् abhût, became.

विमृत्युः vimrityuh, beyond death.

अन्यः anyah, another.

अपि api, also.

एवं evam, thus.

यः yah, who.

विद् vid, knew.

अध्यात्मम् adhyâtmam, the doctrine of Spirit

एव eva, even.

Nachiketas having then obtained all this knowledge and practice imparted by Yama attained Brahma, became free from rajas and beyond death; another who thus knows the Spirit certainly becomes so.

—:0:—

ॐ शान्तिः शान्तिः शान्तिः । हरिः ॐ ।

PEACE BE TO ALL.

Index of Mantras.

MANTRA.	PAGE.

MANTRA. PAGE.

MANTRA. PAGE.

MANTRA.	PAGE.

INDEX OF WORDS.

Words.	English meaning.	Page.
अद्रिजाः	Mountain-born, rivers	154
अधर्मात्	Than vice	91
अधिगच्छति	Goes over	115
अध्यात्मम	The doctrine of spirit	191
अधूमकः	Smoke-less	148
अनुशासनम्	Instruction	187
अध्यात्म-योगाधिगमेन	By the underderstanding obtained from Adhyatma-Yoga by means of meditation on the self	88
अध्येषि	Thou rememberest	25
अध्रुवेषु	In the unstable	133
अध्रुवैः	By the nonpermanent	84
अध्वनः	Of the road or journey	117
अनन्तं	Without end or effect	127
अनन्त-लोकाप्तिं	The means for the attainment of the un-ending world	28
अनन्त्यं	The endless	86
अनन्दाः	Joyless	5
अनन्य—प्रोक्ते	Not another taught	79
अनस्थेषु	In not permanent	101
अनश्नन्	Without eating food	16, 17
अनादि	Without beginning	127
अनिर्देश्यं	Undefinable	167
अनित्यं	Transient.	84
अनित्यानां	Among the transient	166
अनित्यैः	By the not eternal	85
अनु	After	11, 149
अनुपश्यति	Sees	136
अनुपश्यन्ति	See	165

WORDS.	ENGLISH MEANING.	PAGE.
अनुप्रविष्टः ...	Has entered	64
अनु-भाति ...	Shine	169
अनुयन्ति ...	Go after	132
अनुशिष्टः ...	Taught	43
अनुष्ठाय ...	Approaches it	151
अनेकरूपाम् ...	Of many colours	33
अन्तक ...	O Death	56
अन्तरात्मा ...	Inner Atmâ	189
अन्तरात्मन् ...	The Inner Self	131
अन्तरिक्षसत् ...	Dwelling in the firmament ...	153
अन्तरे ...	Midst	73
अन्तिकात् ...	Near	137
अन्धाः ...	Blind men	74
अन्धेन ...	By the blind	74
अन्यं ...	Other	45
अन्यः ...	Another	191
अन्यत् ...	Other	65
अन्यत्प्राक्षीः ...	Thou didst ask the other ...	70
अन्यत्र ...	Any where else	184
अन्यत्र अधर्मात्	Other than non-dharma ...	91
अन्यत्रअस्मात्	Other than this	91
अन्यत्र धर्मात्	Other than Dharma	91
अन्यत्र भूतात्	Other than the Past	91
अन्ये ...	Some	159
अन्येन ...	By another	82
अपरे ...	Others	12
अपानं ...	The Apana-vayu	155
अपि ...	Also	191
अपि देहे ...	Even the body	97

WORDS.	ENGLISH MEANING.			PAGE.
अस्ति इति	"He is"	...	...	184
अस्ति इति एके	"Is" say one	...	...	42
अस्ति इति एव उप लब्धस्य	Of one who has understood It as "He is"	...	...	185
अस्तु ...	Let be	...	...	17
अस्पर्शं ...	Without touch	...	...	126
अस्यति ...	Throws, sends	...	...	155
अर्हति ...	Is able	...	...	101
अक्षरं ...	Imperishable	...	...	109
आजायते ...	Springs up	...	...	12
आत्मनः ...	Of the self	...	...	100
आत्मानं ...	The Self	...	...	111
आत्मनि ...	In the Atman	...		123, 175
आत्मनि महति	In Mahat Atmâ	...	...	123
आत्मस्थं ...	Seated-in-the-self	...	...	165
आत्मा ...	The self			99,103,121,150,158
आत्मानं ...	The self	...		102, 137
आत्मा महान्	The great Self	...	...	119
आत्थ ...	Sayest	...	...	47
आददानस्य	Of him who accepts, who clings		...	66
आदर्शे ...	In the mirror	...	...	175
आनंत्याय ...	Infinite rewards	...	...	129
आपः ...	Hast obtained	...	...	83
आपद्यते ...	Falls	...	...	76
आपनेया ...	To be obtained, to be destroyed,		...	82
आप्तव्यं ...	Can or may be obtained	...	...	146
आप्तिं ...	Fulfilment	...	...	28, 86
आप्नोति ...	Obtains	...		115, 117, 145
आप्य ...	Having reached	...	...	90

WORDS.	ENGLISH MEANING.	PAGE.
आभिः ...	By these	54
आमनन्ति ...	Uniformly declare	92
आयतनं ...	Abode	40
आयन् ...	Going	188
आरुणिः ... (mother)	The son of Aruna or Arunâ, ...	21
आलम्बनं ...	Support	95
आविवेश ...	Entered	4
आवृत्त-चक्षुः	Averted-gaze	131
आशा ...	Hopes	15
आश्चर्यं ...	Wonderful	77, 78
आस ...	Was	2
आसिक्तं ...	Poured	150
आसीनं ...	Sitting	156
आसीनः ...	Sitting still	100
आहुः ..	They say	182
इच्छति ...	Desires	94
इच्छन् ...	Desires	142
इच्छन्तः ...	Desiring	92
इच्छसि ...	Thou wishest	50
इतरेण ...	By the other	157
इति ...	Thus	112
इदम् ...	This	33, 1
इन्द्रियाणां ...	Of the senses	177
इन्द्रियाणि ...	The senses ...	113, 114
इव ...	Like	189
इह ...	Here	187
इषीकां ...	Inner pith	189
इष्टकाः ...	Bricks	20

WORDS.	ENGLISH MEANING.	PAGE.
उरुगायं	The spacious way	46
उवाच	He said	7, 30
उशन्	Wishing	2
ऊर्ध्वं	Up	155, 188
ऊर्ध्वमूलः	Whose roots grow upwards	170
ऋतं	Truth	107, 154
ऋतजाः	Truth-born	154
ऋतसद्	Dwelling in Truth	154
एकं रूपं	one form	165
एकः	The One	164, 166
एकः तथा सर्वभूतान्तरात्मा	So one is the Inner Self of all crertures	164
एका	One	188
एकादश-द्वारं	Eleven-gated	151
एजति	Trembles	172
एतः	Promiscuously surround	68
एतां	This	70, 190
एतावद्	So much	187
एति	Goes to	37, 188
एते	These	71
एत्य	Having obtained	35
एधि	Be	51
एमि	I go	9
एष	This	103
ऐक्षत्	Saw, sees	131
ओं	It is either the sound or the thing signified by it M. Om I swear or solemnly promise to tell this to thee	93
ओदनः	Food	106

WORDS.	ENGLISH MEANING.	PAGE.
कुतः अयम् अग्नि	How this fire	169
कुतश्चित् ...	From any where	96
कुमारम् ...	A boy	4
कुर्वन्ति ...	They do	13
कुशलः ...	Able, competent	78
कुशलानुशिष्टः	Taught properly	78
कृताकृतात्	Effect and cause	91
कृत्स्नम् ...	All	191
क्रतोः ...	Of good deeds	86
क्वधः स्थः ...	A denizen of the lower sphere ...	60
खानि ...	The openings, the senses	130
गन्धम् ...	Smell	134
गर्भः ...	Womb	141
गच्छति ...	Goes ...	5, 143, 146
गतिः ...	Going, the path ...	79, 121
गर्भिणीभिः ...	By the pregnant women	142
गह्वरेष्ठम् ...	Abyss-seated	88
गुहायाम् ...	In the cavrity	28, 98
गुहाम् ...	Do ...	107, 139, 140
गुहाहितम् ...	Hidden in the cave	88
गुह्यम् ...	To be hidden, a mystery ...	129, 158
गूढम् ...	Occult, secret	64
गूढः ...	Hidden	121
गूढमनुप्रविष्टम्	Who has entered into the dark ...	88
गृहाण ...	Take, accept	33
गृहान् ...	In the houses	13
गृहे ...	In the house	16, 17
गोचरान् ...	The roads	112
गोजा ...	Cow-born	154

WORDS.	ENGLISH MEANING.	PAGE.
गौतम ...	Gautam ...	19, 150, 158
ग्रन्थयः ...	Knots ...	... 187
च उभयोः	And of both ...	... 185
चक्षुः ...	The eye ...	... 163
चन्द्रतारकं	The moon and stars ...	... 169
च यत् ...	And what ...	... 177
चरन्ति ...	Perform ...	... 93
चाक्षुषैः ...	By the Ocular ...	... 163
चितः ...	Has been laid ...	... 84
चिन्त्यमानः	Thought upon ...	... 79
चिरजीविकाम्	Means of long-living ...	... 51
चेत् ...	If ...	58, 98, 174
चेतनः ...	The thinker, the conscious ...	... 166
चेतनानाम्	Among those who think ...	... 166
छायातपौ ...	Shadow and light ...	108, 176
जगत् ...	World ...	... 172
जगतः ...	Of the world ...	... 86
जग्धतृणाः	Eaten hay ...	... 5
जनानाम् ...	Of beings ...	... 189
जनासः ...	People ...	... 41
जन्तोः ...	Of the creature ...	... 99
जन्म मृत्यू ...	Birth and death ...	... 35
जरयन्ति ...	(They) cause decay ...	... 56
जरया ...	By decay ...	... 23
जहाति ...	Leaves behind ...	... 89
जागर्ति ...	Is awake ...	... 160
जागरितान्तं	Waking-end ...	... 136
जागृवद्भि ...	By the waking ...	... 142
जाग्रत ...	Awake ...	... 12

WORDS.	ENGLISH MEANING.	PAGE.
जातम् ...	Born ...	... 138 4
जातवेदाः ...	The Fire ...	... 142
जानामि अहं	I know ...	... 84
जायते ...	Is born ...	96, 116
जीवं ...	The Jîva ...	... 137
जीव ...	Live ...	... 50
जीवति ...	Lives ...	... 157
जीवन्ति ...	They live ...	... 157
जीवितम् ...	Life ...	... 56
जीविते ...	Living ...	... 62
जीविष्यामः	We shall live ...	... 58
जीर्यन् ...	Decaying ...	... 60
ज्योतिः ...	Light ...	... 148
ज्ञाता ...	Is known ...	... 72
ज्ञाता ...	Knower ...	... 78
ज्ञातुं ...	To know ...	... 101
ज्ञात्वा ...	Having known ...	94, 179
ज्ञानं ...	The Buddhi ...	... 123
ज्ञाने ...	In the Buddhi ...	... 123
तं ...	That ...	99, 100, 189
तं आत्मस्थं ये अनुपश्यन्ति धीराः	The wise who perceive him within theirself ...	... 167
तत् ...	That ...	84, 144
तत ...	O Father ! ...	... 7
ततः ...	Therefore ...	84, 137
तम् एव भान्तं	When verily he shines ...	... 169
तर्केण ...	By argument ...	... 82
तत् पदं ...	That place or goal ...	144, 116
तद् अद्ध ...	That verily ...	... 144

WORDS.	ENGLISH MEANING.	PAGE.
तत्स्वभावः प्रतीयति	The true nature is revealed ...	185
तथा गन्धर्वलोके	In the Gandharva world	176
तथा पितृलोके	World of the Fathers	176
तद् ...	He	184
तद् उ ...	That indeed ...	144, 161
तद् ब्रह्म ...	That is Brahma	171
तद् or यच्छेत् शान्ते आत्मनि	Should merge that in the self which is Peace or Quiet	123
तद् विष्णोः ...	Of that Vishṇu	117
तनुं ...	body	103
तपति ...	Eats	173
तपसः ...	From Tapas	138
तपांसि ...	Penances	92
तर्पणीयः ...	Made happy	58
तया ...	By that	188
तरति ...	Over comes	35
तस्मात् ...	Therefore	17
तस्य ...	Of him of Divine grace प्रसाद विषयस्य	2, 103
त्रयः ...	Three	17
त्वत्-प्रसृष्टं ...	By thee discharged	19
त्रयाणां ...	Of the three	20
तादृक् एव ...	Like that	150
तासां ...	Of them	188
त्वा-दृक् ...	Like thee ...	... 48, 83
तिष्ठति ...	Exists ...	147, 180
तिष्ठन्ति ...	Stays there	139
तितीर्षतां ...	Who wish to cross	110
त्रिकर्मकृत् ...	Three-duty done	35

WORDS.	ENGLISH MEANING,	PAGE.
त्रिणाचिकेतः	He who has perfomed *thrice* the Nachiketas fire-sacrifice ...	34, 38, 108
त्रिभिः ...	With thet hree	34
तीर्त्वा ...	Crossing over	23
त्रीन् ...	Three	17
तु ...	Verily	111
तुल्यं ...	Equal to	48, 51
तुष्टः ...	Pleased	31
तृतीयः ...	Third	43
तृतीयं ...	A third time	7
तेजः ...	Vigour	56
तेन ...	By him	103
तेषु ...	Their	112
तौ ...	They	98
ददत् ...	Giving	6
ददामि ...	I give	7, 32
ददौ ...	Gave	2
ददृशिवान् ...	Seeing, having seen	22
दन्द्रम्यमाणाः	Staggering to and fro	73
दक्षिणासु ...	When the presents	4
दास्यसि ...	Wilt thou give	7
दिवे दिवे ...	Day by day	142
द्वितीयं ...	A second time	7
द्वितीयेन ...	By the second	26, 41
दीर्घं ...	Long	62
दुग्धदोहाः ...	Given milk	5
दुर्गं ...	On the inaccessible ...	125, 148
दुर्दर्शं ...	Difficult to be seen	87
दुरत्यया ...	Difficult to pass over	125

Words.*	English Meaning.	Page
नित्यः नित्यानाम्	The Eternal among the Eternals	166
निबोध	Understand	27
निबोधत	Learn	124
निर्मिमाणः	Creating	160
नियच्छेत् or तद्यच्छेत्	Should merge	123
निरिन्द्रियाः	Barren	5
निशिता	Sharpened	125
निहितं	Placed	28
निहितः	Placed, hidden	99, 141
नीयमानाः	Led	74
नीयमानासु	Were being given to or brought	4
नृत्यगीते or नृत्यगीतं	Dancing and singing (let be)	57
नृषत्	Dwelling in men	153
नो भूयात्	For us may be	83
पंच	The five	181
पंचाग्नयः	The house-holder	108
पच्यते	Ripens	12
पण्डितं	Learned	73
पथः	The road	125
पदं	The word, the state	92, 93
परं	Superior	94,95,110,119,120
परः	The other, superior	76,119,130
परमं	Best	129
परमे	In the highest	108
परमां गतिं	The highest goal	182
परमं पदं	The highest place	117
परमं सुखं	Supreme happiness	167
पराः	Higher	118
परा	Supreme	119, 120

WORDS.	ENGLISH MEANING.	PAGE.
पराङ् ...	Outside forms	131
पराचः ...	Out-going	132
पराञ्चि ...	Going outwards	130
परार्धे or र्ध्ये	The abode of the Supreme ...	108
परिचारयस्व	Be served by them	54
परियन्ति ...	Go round and round	74
परीव ददृशे or दृश्यते	As if fully seen	176
पर्वतेषु ...	In the hills	148
पशून् ...	Cattle	23
पश्य ...	Look	11
पश्यति ...	Sees ...	99, 145
पश्यति कश्चन	Sees any one	180
पश्यन् ...	Seeing	149
पश्यसि ...	Thou seest	91
पारं ...	The shore the end ...	86,117
पाशं ...	The noose	133
पितरम् ...	Father	7
पिपासे ...	Thirst	23
पिबन्तौ ...	Both drinkers	107
पीतोदकाः ...	Drunk water	5
पुनः पुनः ...	Again and again	76
पुत्र-पौत्रान् ...	Sons and grand-sons	49
पुरं ...	City	151
पुरतः ...	From before	39
पुरस्तात् ...	Before	21
पुरा ...	Before	45
पुराणं ...	The ancient	88
पुराणः ...	Ancient	97
पुरुषः ...	The Purusha	120, 147, 160, 189

Words.	English meaning.	Page.
प्रह्वः ...	Full of devotion	120
प्रवचनेन ...	Studying many Vedas or sciences	102
प्रवदन्ति ...	Proclaim	41
प्रवक्ष्यामि ...	I shall tell	158
प्रविशति ...	Enters	13
प्रविश्य ...	Entering	139
प्रविष्टः ...	Entered	162
प्रविष्टौ ...	Entered	108
प्रवृहेत् ...	Should draw out	189
प्रवृह्य ...	Having separated or known by discrimination	99
प्रसादात् ...	By the grace	100
प्रष्टा ...	Questioner	83
प्राक् ...	Before	174
प्राज्ञः ...	The wise	128
प्राणेन ...	With the Prâna	140
प्राणे ...	In the Prâna	172
प्रार्थयन्ते ...	Do ask for	133
प्रार्थयस्व ...	Ask thou	53
प्राप्तुं ...	To obtain	183
प्राप्य ...	Having approached ...	124, 158
प्राप्यते ...	Is obtained	84
प्रियरूपान् ...	Delightful	70
प्रियान् ...	The pleasures	69
प्रीयमाणः ...	Pleased	32
प्रेते ...	About the dead	42
प्रेयः ...	Pleasant ...	65, 67, 69,
प्रेयसः ...	The pleasant	69
प्रेष्ठ ...	O dearest	83

WORDS.	ENGLISH MEANING.	PAGE.
प्रोक्तः	Taught	79
प्रोक्ता	declared	82
प्रोक्तात्	Spoken	190
प्रोक्ते	Spoken	79
बभूव	Became	162
बहिः	Out or without	162
बहवः	Many	70, 72, 77
बहुधा	Manifold	79, 165
बहूनां	Of many	9, 166
बहुना	By much	103
बहुभिः	Many	77
बालं	The child	75
बालाः	Childern	132
बाह्यदोषैः	External impurities	164
बिभेति	Is afraid	23
बुद्धिः	Buddhi	119, 182
बुद्ध्या	By the Buddhi	122
बुद्धेः	Than the Buddhi	119
बृहत्	The great	155
बोद्धुं	To understand	174
ब्रवीमि	I tell	27
ब्रूहि	Say	64
ब्रह्म	The Brahman	94,106,109,158,160
ब्रह्मचर्येण	The vow of celibacy	93
ब्रह्मजं	The Brahma-born and omniscient	35
ब्रह्मविदः	The knowers of Brahman	108
ब्रह्मलोके महीयते	Is magnified in the world of Brahma	95,128
ब्रह्म-संसदि	Brahma-session	129

WORDS.	ENGLISH MEANING.	PAGE.
मनः ...	The Manas ...	111,119
मनः प्रग्रहवान्	Who holds the reins of the mind ...	117
मनसः ...	Then the Manas	119
मनसः सत्त्वं उत्तमं	Buddhi is higher than Manas ...	178
मनसा ...	By mind	114,118,145,181,182
मनसि ...	In the Manas	123
मनीषिणः ...	The wise	112
मनुष्यम् ...	Man	68
मनुष्याः ...	Men	71
मनुष्ये ...	Among men	42
मनुष्येभिः ...	By the men	142
मनुष्यैः ...	By men	54
मन्दः ...	The dull	69
मन्यते ...	Thinks	98
मन्यन्ते ...	They think ...	167,182
मन्यमानाः	Considering	73
मन्यसे ...	Thou thinkest	51
मन्ये ...	I think	72,90
मर्त्यः ...	Mortal	12,60,90,157,186,187
मर्त्यस्य ...	Of the mortal	56
मर्त्यलोके ...	In the mortal world	53
मरणं ...	Death	54,158
महत् ...	Great	86
महतः ...	Than the Mahat	99,119
महतः परं ...	Beyond the Mahat	127
महति ...	In the great	64,123
महान् ...	Wide	49
महद् भयं ...	A great terror	172
मह्यम् ...	To me	25

WORDS.	ENGLISH MEANING.	PAGE.
महात्मा ...	The great Souled	32
महान् ...	Great	178
महान्तं ...	Great ...	101,136
महाभूमौ ...	In a mighty land	51
महिमानं ...	The greatness	100
महीयान् ...	Greater	99
मा अभि ...	Towards me	19
मा ऽनुप्राक्षीः	Thou shouldst not ask	54
मानी ...	Thinking	76
म्रियते ...	Dies	96
मुच्यते जन्तुः	The creature is liberated	179
मुञ्जात् ...	Covering	189
मुनेः ...	Of the sage	150
मूढं ...	Deluded	75
मूढाः ...	Fools	74
मूर्धानम् ...	To the head	188
मृत्युं ...	To death ...	145,146
मृत्युः ...	Death	106
मृत्यु ...	Yama	190
मृत्युपाशात्	The death ropes	39
मृत्यु-प्रोक्तं ...	Told by Death	128
मृत्यु-मुखात्	Mouth of Death	22,127
मृत्योः ...	Of death ...	132,145,146
मृत्यवे ...	To Mrityu	8
मेधसः ...	Of understanding	15
मेधावी ...	The wise man	128
मैथुनान् ...	Couplings	134
मोदते ...	Rejoices ...	24,39,96
मोदनीयं ...	What causes rejoicing	90

WORDS.	ENGLISH MEANING.	PAGE.
यं or तं ...	Whom or him	179
यत् or तत्	Which or that	109
ये एतद् विदुः	Who know this	172
यच्छेत् ...	Should merge ...	122,123
यत्र ...	Where	106
यथा ...	How	16
यथा अप्सु ...	As in waters	176
यथा उदकं ...	As water	149
यथा कर्म ...	According to karma	159
यथा श्रुतम् ...	According to their knowledge ...	159
यथा स्वप्ने ...	As in dream	176
यथोक्तम् ...	As it had been told	30
यदा ...	When ...	181,186
यन्ति ...	Go	13?
यम् ...	Whom	103
यस्मात् ...	From which	116
यस्य ...	Whose	156
याति ...	He goes	100
यावत् ...	As long as	50
यावद् ...	So long	58
युक्तेन ...	Joined	114
ये ...	Which	186
योगाधिगमेन	By means of Yoga	88
योगविधिं ...	Yoga-practice	190
योगक्षेमात् or म्	Greed and avarice	69
योनिं ...	Womb	59
रति ...	Play	61
रथं ...	The chariot	111
रथिनं ...	The seated in the chariot	111

Words.	English meaning.	Page.
वरेण ...	By the boon	26
वशं ...	Control	76
वशी: ...	The controller	165
वश्यानि ...	Manageable	114
वसुः ...	Vasu who makes all to dwell ...	152
व्याहत or व्याहतात	Injured, killed	130
व्रजति ...	He walks	100
वाक् ...	The speech	122
वाजश्रवसः	Vajasravasa, Uddalaka	2
वामनं ...	The dwarf	156
वाहाः ...	Chariots	57
व्यापकः ...	The all-pervading	179
विचिकित्सितं	Doubtful	45,47
विचिकित्सा	Doubt	41
विचिकित्सन्ति	Make enquiry	63
विजानतः ...	The knowing	150
विजानाति	Knows, perceives	134
विजानीयां	Can I know	168
विजुगुप्सते ...	Wishes to protect	137
विज्ञानवान्	Having understanding ...	116,114
विज्ञान-सारथिः	Intelligence-driver	I16
विततस्य ...	All-pervading	132
वीत-मन्युः	Free from anger	19,22
वीतशोकः ...	Free fron sorrow	99
वित्तं ...	Wealth	51,58
वित्तेन ...	By wealth	58
वित्तमयीं ...	Leading to wealth	70
वित्तमोहेन	By the delusion of wealth	75
विद ...	Knew	191

WORDS.	ENGLISH MEANING.	PAGE.
विदधाति कामान्	Fulfils the desires	166
विदित्वा	Having known	133
विद्धि	Know thou	28,111
विद्यां	The knowledge	43,190
विद्या-अभीप्सिनं	Wisdom—desirer	72
विद्या	Wisdom	76
विद्यात्	Should know	189
विद्याम्	I may know	43
विद्वान्	The wise	39
विधावति	Spreads out in different directions	149
विपरीते	Opposite	71
विपश्चित्	The wise	96
विवृणुते	Reveals	103
विवृतं	Open	90
विभाति	Is it lighted	168,169
विभुं	All pervading	101
विमुक्तः च	And freed	151
विमुच्यमानस्य	Being freed	156
विरजः	Free from activity	191
विविनक्ति	Separates, distinguishes	68
विषयान्	The objects	112
विषूची	Different directions	71
विष्वङ्	Diverse	188
विस्रंसमानस्य	Being torn away	156
ब्रुवतः	From one who says	183
वृङ्क्ते	Destroys	15
वृणे	I choose	20,26
वृणीते	Chooses	67,64,69
वृणीष्व	Choose	18,41,45,49,51

WORDS.	ENGLISH MEANING.	PAGE.
वृणुते ...	Prays	103
वृष्टं ...	Rained	148
वेद ...	Knows	106
वेदिषद् ...	Dwelling in Vedi or Earth ...	153
वैश्वानरः ...	Fire	13
व्योमसद् ...	Existing in space	154
विमृत्युः ...	Beyond death	191
शकेमहि or शकेमहि	May we be able	110
शक्यः ..	Is able	183
शतायुषः ...	Centenarian	49
शब्दान् ...	Sounds	134
शयानः ...	Lying down	100
शयिता ...	Will sleep	21
शरदः ...	Autumns	50
शरीरत्वाय	In order to have a body	159
शरीरस्य विस्रंसः	The falling asunder of body ...	174
शरीरस्थस्य	Of the dweller in the body ...	156
शरीरात् ...	From body	189
शरीरे ...	The body	97
शरीरेषु ...	In the bodies	101
शाखाः ...	Branches	170
शान्त-संकल्पः	Calm of thought	19
शान्तिं ...	Peace	13,37
शान्तिः ...	Peace	167
शान्ते आत्मनि	In the Atma of Peace	123
शाश्वतः ...	Eternal	97
शाश्वती ...	Eternal	167
शुक्रम् ...	Brilliant ...	160,190
शुचिषद् ...	Dwelling in the Pure	152

WORDS.		ENGLISH MEANING.			PAGE.
शुद्धम्	...	Pure	...	...	150
शृण्वन्तः अपि		Even hearing	...	...	77
शेवधिः इति		A treasure	...	...	84
शोकातिगः		Passed over sorrow	...	...	23.39
शोके	...	Sorrow	...	...	89
शोचति	...	Grieves	...	...	102
श्रद्दधानाय	...	To the faithful	...	...	25
श्रद्धा	...	Faith	...	...	4
श्रवणाय	...	For the sake of hearing	...	...	77
श्राद्ध काले		At the time of sraddha	...	...	129
श्रावयेत्	...	Repeats	...	...	129
श्रिताः	...	Contained	...		161,186
श्रुत्वा	...	Having heard	...	...	89,128
श्रेयः	...	The good	...	...	66,68
श्रेयस्	...	Good	...	...	67
श्रेष्ठं	...	Best	...	...	95
श्वः	...	To-morrow	...	...	55,148
समश्नुते	...	Attains	...	...	186
सस्यं	...	Corn	...	...	12
साधु	...	Well	...	...	67
साम्पराये	...	About the next world	...	...	63.74
सारथिं	...	Charioteer	...	...	111
सारथेः	...	Of the charioteer	...	...	113
सिनीतः	...	Bind	...	...	66
सुकृतस्य	...	Of good deeds	...	...	107
सुखं	...	Peacefully	...	...	21
सुखं शाश्वतं		Eternal happiness	...	...	165
सुवेयम्	...	Well-understood	...	...	45,47
सुमेयः	...	Easy to be known	...	...	79

WORDS.		ENGLISH MEANING.			PAGE.
सुज्ञानाय	...	Full understanding	...	...	83
सुकृतां	...	Righteousness	...	...	15
सुप्तेषु	...	When asleep	...	...	160
सुभृतः	...	Well-guarded	...	...	142
सुमनाः	...	Good-hearted		...	19
सूर्यः	...	The sun	...		143,163
सूक्ष्मया	...	Subtle	...	...	122
सूक्ष्मदर्शिभिः		By the subtle-seers	...	...	122
सृङ्कां	...	Garland, the neck-lace	...	...	33,70
सृज	...	Let go	...	...	46
सेतुः	...	Bridge	...	...	109
स्तोम	...	Praise	...	...	86
स्थाणुं	...	Immoveable	...	...	159
स्थिराम्	...	Steady (unmoved)	...	...	182
स्पर्शान्	...	Touches	...	...	134
स्वयं	...	Themselves	...	...	73
स्वयम्भूः	...	Swayambhu, self-born,	...	...	130
संगतं	...	Possessions	...	...	15
संग्रहेण	...	Concisely	...	...	93
संविद्	...	Union	...	...	35
संपारयुक्ता		Fully embraced it	...	...	89
सम्भवति	...	Is-born	...	...	140
संविशति	...	Enters	...	...	140
संसारं	...	The transmigratory circle	...	...	115
स	...	He	...	...	106
सतूर्याः	...	With musical iustruments	...	...	53
सत्य धृतिः		True resolve	...	...	83
सत्त्व तु अधि महान् आत्मा		Over Buddhi is the Mahanatma			178
सदश्वाः	...	Good horses	...	...	114

WORDS.	ENGLISH MEANING.	PAGE.
सदा ...	Always	... 113,114,115,189
सद्म ...	The house of Brahman ...	... 90
सनातनं ...	The ancient ...	128,171
सन्तं ...	Being ...	... 4
सन्निविष्टः ...	Seated ...	... 189
समनस्कः ...	Balanced mind ...	... 116
सम्परीत्य ...	Fully understanding ...	... 68
सरथाः ...	With chariots ...	... 53
सर्वं ...	All ...	56,169,172
सर्वतः ...	Every where ...	... 100
सर्व-भूतान्तरात्मा	The Inner self of all creatures	95,162,165
सर्ववेदसं ...	All-wealth ...	... 2
सर्वान् ...	All ...	... 53
सर्वे ...	All ...	... 92,161
सर्वेन्द्रियाणां	Of all the senses ...	... 56
सर्वेषु भूतेषु	In all beings ...	... 121
स्यात् ...	He may be ...	... 19
स्वर्गलोकाः	Heaven-world-dwellers ...	... 25
स्वर्ग लोके	In the heaven world ...	... 24,40
स्वर्गे ...	In the heaven ...	... 23
स्वर्ग्यम् ...	Heavenly ...	... 27
स्वर्ग्यः ...	Heavenly ...	... 40
स्वप्नान्तं ...	Dream-end ...	... 135
स्वयं ...	Thyself ...	... 49
स्वस्ति ...	Prosperity ...	... 17
स्वां ...	Own ...	... 103
स्वात् ...	From self ...	... 189
स्विद् ...	Else ...	... 9
हंसः ...	Swan ...	... 152